財務省亡国論

髙橋洋一

あさ出版

はじめに

私は財務省にいろいろと目をつけられている。

「財務省の中では『髙橋洋一を3度殺しても、殺し足りない』といわれているのは、本当ですか?」と聞かれたこともある。

答えは、その通り。

事実、そのようにいわれている。

安倍(晋三/元内閣総理大臣)さんの元でともに働いていた、秘書官(財務官僚)は、「テレビや写真で、(髙橋洋一と)一緒にうつっている場面は絶対に見せないでください。虫唾が走るんですよ」といっていたという。

自分ではうまく付き合えていると思っていたので、これを聞いたときには愕然とした。

「髙橋氏は財務省のいちばん痛いところを突いてくるから、髙橋氏の話をしただけで財務官僚はまるで幽霊を見たかのように、露骨にイヤな顔をする」というようなことを、書いた新聞記者もいた。

こんなに嫌われているのかと、またも愕然とした。幽霊扱いとは！

ただ、3度どころではなく殺されているから、殺しても殺しても死なない、ゾンビのほうがたとえとしては正しいかもしれない。

極めつけは安倍さんのこのひと言だ。

「髙橋さんを表に出すと、財務省が異常に興奮した反応を示すので、ちょっと表に出るのは控えてください」

異常に興奮した反応をとられる――こんな形容をされるような人物は、私以外にいないのではないだろうか。

冒頭より、「3度殺しても、殺し足りない」などと物騒な言葉からはじまったが、もちろん物理的に殺されるわけではない。そんなことをしたら、殺したほうが捕まってしまう。割に合わないことこのうえない。

この場合の「殺す」は、社会的に抹殺する、復活できないほど貶められるということだ。

そんなことを、〝かの〟あさ出版の担当編集者に話したところ、

「そうですね！　その〝殺す〟なら回数無制限ですものね！　ただ普通は（社会的な抹殺でも）一回で十分で、それ以上必要はないはずなのに！　先生は死なない……」

と、ツッコミどころが満載の、相変わらずのドストレート過ぎる返答があった。

続けて、

「でも、いくら〝いちばん痛いところを突く〟といっても、どうしてそこまで激しく嫌われるのでしょう。財務省はいったいなにを目論んで、それをバラされるのが、なぜ殺したいほどイヤなのか。わかりやすく解説してください」

ときた。

人が愕然としたという話をしているところに、どうしてそのような依頼につながるのかと、これまた相変わらずの斜め上の反応に驚きながら、「これを書くことで、〝財務省の真の目的〟をつまびらかに伝えることができるのでは」とも考えた。

かくして、「なぜ、3度殺しても殺したりないほど、自分は財務省に嫌われているのか」（実際には3度どころではないのだが）――つまり、いかに嫌われているかについて本人が考察するという、なんともいえない苦行に耐えながら（！）、本書をまとめることにした次第である。

ここでまずいっておくが、財務省は「スキあらば増税したい！」人たちの集まりで、**本心からは財政再建や経済成長のことなど考えていない。**

自分たちの歳出権（※お金を使う権利）という権益を拡大するために暗躍し、増税を説く。増税＝「財務省のおかげ」で予算が膨らむことで、各省庁に予算を増やす恩恵を与え、見返りとして天下りを認めさせるというのが常套手段だ。

日本がなくなってしまえば元も子もないが、財務省は「今このとき、自分たちが権力をモノにして、大いに潤えばそれでいい」。

まさに本書のタイトル『財務省亡国論』の通りに、我々の血税を利用して自らの権力を強化し、結果として国民の利益を損ない、日本の未来を奪うようなことを平気な顔をしてやっているのだ。

私はかつて財務省に在籍していた。

当然、財務省のオモテもウラも知り尽くしている。

そのやり口についてももちろんだ。

自らの権益を、何が何でも守りたい財務省にとって、「隠し通したいことを白日の下にさらす」とんでもない裏切者の位置づけが私なのだ。

本書を記すには、あらゆる意味で「うってつけ」ともいえるだろう。

ならば「裏切者」の呼称にふさわしい、根拠を明確にしたゆるぎないロジックで、財務省の真の姿を暴いてみせよう。

財務省のやり口は非常に巧妙だ。

マスコミなどをうまく使って、小難しいことをいうことで思考を放棄させ、個人的な感情や先入観によって事実を見つめる目を曇らせる。

物事はすべてシンプルに考えるべきにもかかわらず、シンプルに考えさせず原理原則を無視させようとしむけるのだ。

シンプルに考えれば、経済はもちろん、あらゆる物事がうんとわかりやすくなる。

私は、長年なるべくシンプルにシンプルに、さまざまなことを考えようとつとめてきた。「余計なもの」をそぎ落とせば、最後に残るのは真実のみ。

きちんと自分の頭で考え筋のいい答えを導くには、感情や先入観という不確かなものと、原理原則・事実という確かなものを、ごちゃ混ぜにしてはならず、きっちり「切り分ける」ことが重要となる。

そのため、本書では根拠となる図表やデータをふんだんに盛り込むとともに、〝ずぶの素人〟でもわかるように（これ以上洗脳されないように！）、「世の中を見るフレームワーク」として重要な経済理論の解説も詳しくしている。

しっかりした根拠に基づき、シンプルにものをとらえ、考える力がつけば、いままでいかに、財務省やその財務省がウラで糸を引く政治家たちから、都合よく洗脳されダマされしぼりとられ、さらにはマスコミなどに翻弄されてきたのかが、わかるはずである。

国民の血税を使って、巧妙に世論を誘導・洗脳する財務省。
その片棒を担ぐ人。
そして、真実を何もわかっていないのに「いかにもわかっている」ように語る人。
それを見て「ますます立場が強化され、影響力を持つことができる」と、ほくそ笑む財務省――。

本書が財務省の洗脳を、スパッと解く一冊になれば幸いである。

髙橋洋一

1章　大義名分にゴマかされるな！ 財務省のエゴとは？

2章 財務省の口車に乗らないために知っておきたい経済の基礎知識

3章　日本をわざと経済成長させない財務省

4章 親玉「財務省」子分「日銀」——その本当の関係とは？

5章 「金利」からも見えてくる！財務省の大好きな増税は「意味不明」で「愚かな策」

6章　何が何でも増税したい！「財務省のウソ」

7章 「円安で儲かる」は世界の常識。でも財務省は動かない

8章 「国債がまた増えた!」と騒ぐウラにある財務省の思惑とは?

編集協力／糟谷咲彩子

1章

大義名分に
ゴマかされるな！
財務省のエゴとは？

なぜ財務省はスキあらば増税したいのか

このままでは、いずれ日本は財政破綻する。

そして、日本国債は暴落する。

こういわれるようになって久しいが、日本は一向に財政破綻しないし、日本国債も一向に暴落しない。その兆しを見せたことすらない。財政破綻も国債暴落も「要因」がほとんどないのだからあたりまえだが、いまだにこう断じてはばからない人がいる。本当にわかっていない人たちは論外として、自分たちの利益のために**「あえて恐怖を煽っている人たち」**もいるのだ。

彼らはデータ的根拠や何をもって「暴落」とするのかを、示していない場合が多く、単なるイメージ戦略でしかないことがうかがわれる。では、誰が、どのような利益のために、財政破綻や国債暴落を主張しているのか。

一つは、財務省だ。ただし、これは表では絶対いわない。こっそりとウラでいうのである。前提として、財務省は一貫して「増税派」と思っておいて間違いない。その理由は、税金をたくさん集めて財政再建したいから、ではない。じつは増税すると財務省の予算権限が増えて、各省に対して恩が売れて、はては各省所管の法人への役人の天下り先の確保につながるからだ。

驚いたかもしれないが、こうした思惑があるからこそ、財務省は「いつだってスキあらば増税したい人たち」なのである。

なぜ増税が財務省の権限を増すことになるのか。単純な話である。

まず、予算を実質的に膨らませることができる。こういうと、経済成長によって「税収」が増えても同じという声もあるが、それは素人論議だ。経済成長があれば、要求官庁は経済成長に見合う経費増も要求する。経済成長は財務省のおかげではないので、「税収」増の分だけ予算増となっても要求官庁は財務省に恩を感じない。

ところが、「増税」であれば、その増加分は財務省のおかげとなって、財務省はその分の予算配分をするとき、各省庁に恩をきせられるのだ。予算増の恩恵を受けた省庁は、その見返りに自分の所管する法人などに財務省からの天下りを認めてやる。

もちろん、**この天下りは予算配分してもらった見返りであり、国民の血税が使われている。**

もう一つは、増税するときには、必ずといっていいほど**「例外措置」**が設けられる。一緒くたに増税するのではなく、「こういうケースは税が軽減される」とか「今回の増税は、こういう業界は例外とする」といったように、**特定の業界や特定の層を優遇する措置がとられる**のだ。

わかりやすい例でいえば、「生活必需品は増税されない」とか「新聞は増税されない」などの、消費税の「軽減税率」も要は例外措置である。

ただし、どういう場合に例外措置が設けられるかは、財務省のさじ加減だ。もっともらしい理屈をつけて例外措置を設けるが、そのじつ**「この業界を特例とすることには、どんな利益があるのか」という計算が働いている**と見ていい。これが、「あのとき優遇したのだから、引退した官僚の受け皿を提供しなさいよ」という具合に、天下り先の確保につながるわけだ。

まったく呆れた利己思考だが、実際に財務省に身を置いたことがある私が自らの体験からいう話である。

「社外取締役」でボロ儲けする財務省

では財務省はなぜ、そこまでして天下りに必死になるのか――。

2024年8月26日の『DIAMOND online』に、財務省出身の社外取締役報酬ランキングが特集されていた。掲載されているおよそ100人は全員、私の知っている人で「こいつ、こんなにもらってんのか！」と驚いて見ていた。官僚と天下りは切っても切れない関係だが、その中でもいちばんすごいのが財務省の天下りである。

じつは、第一次安倍政権のときに天下り規制をした。そのときに一時的に天下りは減ったが、その後にまた復活しているのが現状だ。ただ、復活したとしても特殊法人などだと、お金がけっこう厳しいケースも多い。そのときに官僚が編み出した技が、この社外取締役である。生き残り戦略でいろいろな技を編み出しているわけだが、規制業種などであまり文句がいえなそうなところに天下る。はっきりいえば、**社外取締役という制度を使いながら、金をもらっている**ということだ。

私がさらに悪質だと思うのは、最終的にはその天下りの報酬は、自民党総裁選の候補を推したりする〝寄付金〟にも流れるということである。**天下りで使いきれないほどの多額のお金を手にし、それを政治家に流す。**推し活といえば聞こえがいいが、もちろんそんな微笑ましい話ではない。むしろ恥ずべき話なのに、**政治家も「お金を流してもらう」ため、天下りを大目に見ている**ことがほとんどなのだ。

この多額の報酬は、天下り官僚の「毒まんじゅう」だと私は思っている。

じつは私自身も官僚のときに、「ここに行ったらどう?」と、ずいぶん天下りをすすめられた。でも、受けなかった。これを食っ(受け)たら、財務省の意に沿わないことはいえなくなるとわかっていたからだ。食わなかったら、今、自由にモノがいえるわけである。

リストに載っている人をはじめ、天下りをした人は財務省に恩があるから、財務省が不利になるようなことは絶対にバラさない。財務省はＯＢ・ＯＧに対しても、そこまで徹底しているわけだ。

ちなみに、社外取締役の報酬は公表されるため人目に触れるが、これが顧問報酬となると、上場企業といえど公開されない。経理上の関係で、顧問報酬は普通の経費の扱いとされるためである。そのため、社外取締役の報酬にプラスして、顧問報酬ももらっている人もかなり多い。その額は社外取締役の報酬より多いくらいだ。つまり、公表されている金額よりも、はるかに多くもらっているケースも散見される。

たとえば、事務次官というトップに登りつめたにもかかわらず、社外取締役報酬が低い場合。これは、顧問報酬を多くもらっていると見ていい。天下りにも、役所のときの序列が適用される。驚くべきことに、天下り人事も財務省が取り仕切っているため、そのあたりの配慮も行き届いているのだ。

「お飾り」であることが双方の利害に一致する

では、それだけ多額の報酬をもらいながら、天下り先ではどんな仕事をしているのだろうか。

——基本的には何もしない。月に一回ぐらい、それも午前中か午後の数時間だけちょこっと行って、すぐ帰る。もちろん、車での送り迎え付きである。

下手に社外取締役がはりきって、いろいろ口を出したりすると、うまくいくものもいかなくなるという話なのだが、ときどき仕事をしたがる人もいる。そうすると仕方がないので、「ちょっとお話してください」といい、月に一度ほど講演会（のようなもの）を開いて満足させる。民間の会社からしたら、元役人が来て仕事ができるかといったらできないし、下手にされても困ってしまう。お飾りに納得できない場合は、大所高所の話をしてもらうことで満足してもらうということだ。

ようするに、無色透明で何にも役に立たないけれど、そういう人ほど実害はなく、楽であり、コネはつないでくれるというわけである。変にやる気があったり、聞きかじりの知識で仕事をしたがる人がいちばん困るのだ。

受け入れる側も、財務省とのコネを作るためなので、お飾りでいてもらうのがいちばんである。また、詳しくは後述するが、天下りを継続的に受け入れることで手に入るお金も受け入れ側にはある。

社外取締役の話でいえば、役人のみならず財務省にお世話になった学者も例外ではない。一生懸命「財務省の犬（ポチ）」（以下／ポチ）をがんばると、社外取締役のおこぼれに与かれるのだ。それを狙うポチもけっこう多い。言論もせずそんなところで稼いで何が学者かとも思うが、それをいうなら、財務省の審議会委員になったマスコミも、おこぼれに与かっている。

役立たずが好ましい、お飾りの役人・学者・マスコミを雇いながら、社外的には社外取締役は第三者で公正な人を入れましたと発表する。

天下りは、やはりかなり歪んだ世界なのだ。

「消費増税＝財政再建」に正当な根拠はない

財政再建を達成する代表的な方法は、「歳出カット」「経済成長」「増税」の三つだが、ウラで糸を引く財務省は財政再建をどう考えているのだろうか。

まず歳出カットとは、各省庁に使うお金を減らすということだ。簡単そうに見えて、ひと筋縄ではいかない。財務官僚には「無謬（むびゅう）（決して間違っていない）の神話」があり、過去の予算査定において間違いはないことになっている。だから彼らは歳出にムダがあるとは断じて認めず、そのために歳出カットができない。

では経済成長はどうかというと、財務官僚にとって論外である。経済成長すれば徐々に税増収になることは、もちろん彼らにもわかっている。しかし、それで財政再建されてしまったら、自分たちの権益は広がらないままであるのは、先にも述べた通りである。

ここで彼らの馬脚が現れたことに気づいただろうか。

要するに、**財務官僚は、じつのところ、本当には財政再建のことなど考えていない**のだ。歳出権という自分たちの権益を広げるために、増税を説いているだけなのである。だからそれを覆してしまう「経済成長による段階的な税増収」などもってのほかとなり、増税路線まっしぐらになる。増税なら責任は政治家にとらせることができるし、カウントされる税額が増えるぶん歳出権が拡大する。

とにかく「増税」「天下り」。国民の生活をよりよくすることは二の次どころか、はなから頭にないのである。

さらに問題なのは、実際の税収が増えようが減ろうが、財務省の歳出権拡大には変わりはないということだ。なぜなら、減ったとしても、彼らにしてみれば足りないぶんの国債発行額が増えるだけだからである（60ページ）。

つまり、消費増税すると経済成長が抑えられて、法人税や所得税の税収が減るにもかかわらず歳出増になり、財政再建できなくなる。反対に、消費増税しなければ、歳出が抑えられると同時に経済成長するので、結果として税収が増え、財政再建は達成される。

これだけ見れば、**「消費増税＝財政再建」に正当な根拠はなく、財務省のエゴで塗り固められた大義名分**だということがわかるはずだ。

財務省ロジックに〝喜んで〟乗っかる人々

財務省が「財政破綻する」というと、それに乗っかる人たちも出てくる。「御用記者」はポチだから、そうしたマスコミはどうしても財務省寄りになる。つまり、**マスコミが「財政破綻の危機がある」と報じても、それは単に利己思考から増税したい、財務省の口車に乗せられているだけ**と見ていいのだ。

意外なところでは、銀行や証券会社もいる。

「財務省が、財政破綻するといっている。財政破綻すれば国債が暴落する」

こんな論法で、個人の投資を国債以外の金融商品へと誘導する魂胆である。

個人の国債購入を仲介しても、銀行や証券会社には何のうまみもない。だから、銀行は、国債は自分たちで保有しておきたい。そして個人に対しては、国債購入の仲介なんかするより、預金を集めたり、変額保険（これは保険会社の商品だが、銀行が代理店になっている）を売ったりしたい。

証券会社も同じで、自分たちの金融商品である投資信託などを売りたい。

これが彼らの本心なのである。

「借金」も「資産」も世界一！日本に「財政問題」はない

財政再建を急がなければならない理由としてよく挙げられるのが、日本の借金の多さである。その額、およそ１４００兆円超。財務省はしきりに、「国民１人あたりに換算すると１０００万円強」「借金のＧＤＰに占める割合は２００％で世界最大級」などと恐怖をあおっている。

借金が１４００兆円以上あるのは事実だ。ＧＤＰ比もたしかに世界最大級に高い。この点で財務省は、ウソはついていない。

しかし意図的に、ある事実から国民の目を背けている。それは、借金に対する資産の額である。

考えてみてもほしい。企業の財務状況を見るときに、借金だけで考える人がいるだろうか。企業は設備投資や運用資金を銀行から借りているが、一方で工場や在庫、子会社などの資産を持っている。これらの資産と借金を並べたバランスシート（貸借対照表）を見てはじめて、その企業の財務状況がわかる。国とて同じである。

ちなみに国のバランスシートを財務省ではじめて作成したのは、私だ。

財務省にとっては資産総額という、不都合な真実が明るみに出てしまうものであり、政府として公表されるまでには10年もかかった。しかし、いまでは世界的な流れからバランスシートを公表せざるをえなくなり、毎年こっそりと公表している。

では日本の財政をバランスシートで判断すると、どうなるか（【図版1－1】／39ページ）。

ひと言でいえば日本は**「借金は世界一、しかし資産も世界一の国」**なのである。

令和4年度のバランスシートでは、負債総額1442兆円に対し、資産総額は740兆円。差し引き702兆円が日本の借金の純額ということになり、先進国としてはそこまで高い額ではない。

しかも国は一般企業と違い、バランスシートのほかに「課税権」と「徴税権」、つまり税収という別計算の資産もある。**税増収を押し上げる経済成長を促すことができれば、702兆円の債務超過でも憂えることはない。**しかも、子会社である日本銀行を意図的に外している。

さらに注目すべきは、資産の内訳だ。

資産740兆円のうち542兆円が金融資産であり、そのうち貸付金や出資金等の合計222兆円ほどは、すぐに現金化できるものなのだ。なかでも**貸付金や出資金は独立行政法人や特殊法人に渡っているお金、**いわゆる**特別会計の埋蔵金**だ。いってしまえば、**天下り先に多額の資金提供が行われているる**ということになる。

しかし、これはあくまで「日本政府のバランスシート」だ。

「政府の子会社」（のようなもの）たる日本銀行（日銀）のバランスシートを足した、国のバランスシートを見て考えなければ、日本の財政の本当のところはわからない。

では、すべての子会社を含めると、どうなるだろうか（【図版1―2】／41ページ）。

まず、負債が1546兆円。資産の方を全部合わせると、実は1613兆円。債務超過にもなっておらず、プラスである。702兆円の債務超過と聞くのと、67兆円の

【図版１－１】政府の連結バランスシート／※除く日銀（令和４年度）

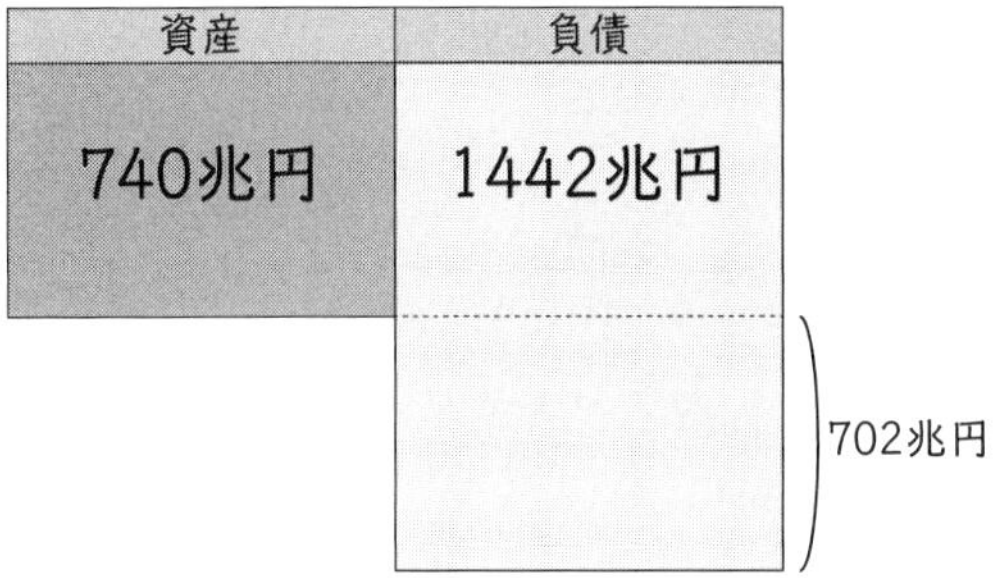

資産	負債
740兆円	1442兆円
	（うち702兆円）

資産超過と聞くのとでは、だいぶ印象が異なるだろう。もちろんあまりの債務超過が続けば企業では存続を危ぶまれるが、それは政府も同じことである。

ただ、政府の方は今いったように資産超過であり、これにさらに徴税権という隠れた資産――簿外資産というのが多分５００兆円ぐらい加わる。それを考えると、資産超過は６００兆円ぐらいとなるのだ。

（※徴税権を資産とするなら、毎年予算で支出義務のあるものも負債計上しなければいけないという議論もある。その通りだが、予算税法は恒久的な制度とされているが、予算の支出は基本的には毎年の予算で決まるので、将来まで支出が拘束されているモノは

原則としてない。あっても少額なので資産計上していない）

このように、政府と中央銀行のバランスシートを合体させたものを、「パブリックセクターバランスシート（Public Sector Balance Sheet）」（統合政府バランスシート）と呼ぶ。

するとどうだろうか。今度は資産が負債を上回ることが見て取れるだろう。

ちなみに、日銀券は利子負担なし、償還（返済）負担なしだから、実質的には債務とはいえない。したがって税収を除いても、「パブリックセクターバランスシート」の資産と負債は、ほぼイーブンになる。ＩＭＦ（International Monetary Fund／国際通貨基金）による国際比較データによれば、先進国でも資産から負債を差し引いた純資産はマイナスの国がほとんどである。その中で、日本はほぼイーブンとはいえ、数少ないプラスの国である。【図版1－2】を見てもなお、「日本は財政難」という人はいないだろう。

つまりどんなに財務省が「深刻だ、深刻だ」といっていても、国債の暴落が起こることはありえない。これが、プロフェッショナルが見た、資産負債のバランスシート――日本の財政の実相である。

【図版１－２】パブリックセクターバランスシート

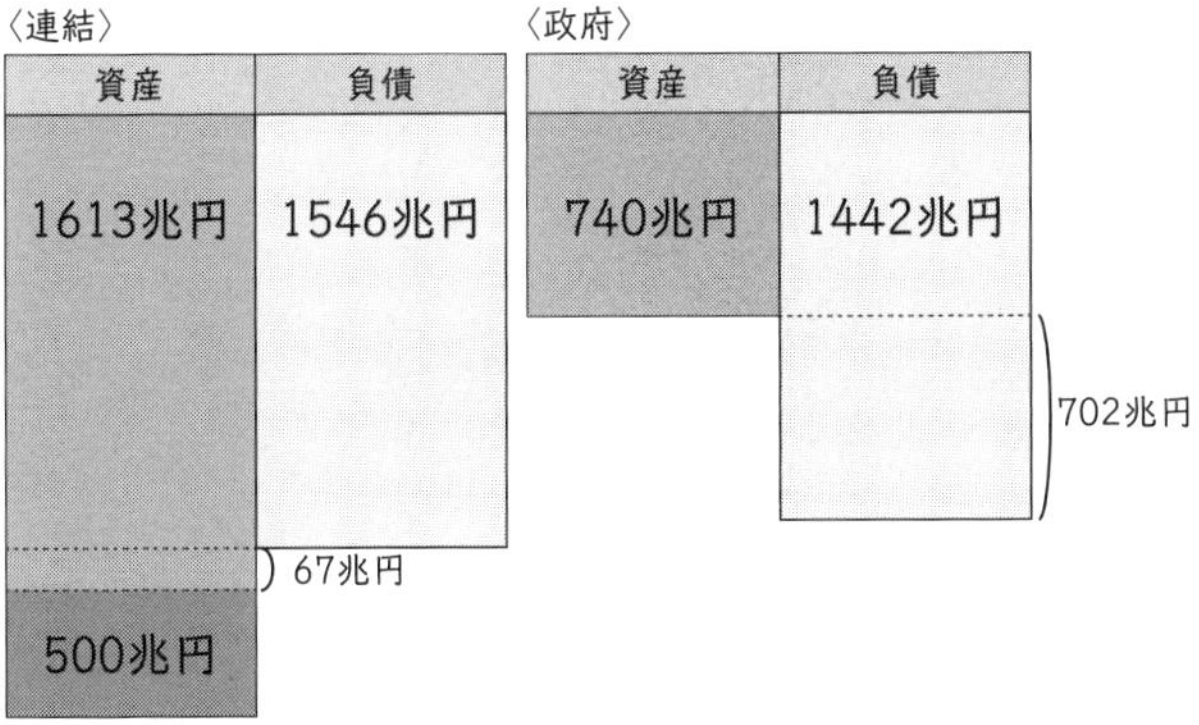

〈連結〉

資産	負債
1613兆円	1546兆円
	67兆円
500兆円	

〈政府〉

資産	負債
740兆円	1442兆円
	702兆円

「資産総額は財務省にとって不都合な真実」だといったが、これこそが不都合な真実であり理由である。たとえば企業が経営難に陥ったら、まず何をするだろうか。預金、貸付金などの金融資産をはじめとして、工場や子会社などの資産を処分するだろう。それと同様、国が財政難だというのなら、まずはムダな資産を処分すればいい。

ただそれは、財務官僚にとっては自らの天下り先を処分することになる。だから財務省は、資産総額を明らかにすることで処分可能資産の存在が知れてしまうことを、極力避けたかったのだ。

しかしいままでは、国のバランスシートが

公表されている。財務省の身勝手な口車に乗せられて、借金総額だけを見て恐れるのは愚かというものだ。

パブリックセクターバランスシートを「デタラメ」といい放った財務大臣

「借金が1400兆円超もある」といった情報を、マスコミ(ポチ)はちょっと早くリーク(餌まき)されると、もう喜んですぐに食いついてよだれを垂れ流す。まるで、マスコミが自らフェイクニュースを生産しているようなものである。

私はかれこれ何十年も前から、この「正しい意味での財務状況」というのを、さまざまな場所で何度も何度もいっている。日銀(子会社)を入れるだけでこんなに変わる。全然、違う。バランスシートには日銀(子会社)を入れなくてはダメなのだ。

その一方で、パブリックセクターバランスシートを「デタラメだ」と、いい募る人がなんと政治家にまでいた。

驚くべきことに、鈴木(俊一)氏は財務大臣時代に参院財政金融委員会で「政府と日銀のバランスシートを一体として認識する統合政府（パブリックセクター）バランスシートの考え方は適切でない」と、委員の渡辺（喜美）さんに対して答弁した（2022年3月16日）。

財務大臣ともあろう人がと腰を抜かしそうになるのと同時に、財務省はやはりここまでしっかり根をはって（教育して）いるのだと思わされた。

連結で見るのはあたりまえ。子会社を含めて見るのもあたりまえ。日銀も会計上は子会社だから、それも含めて考えるというのは、ＩＭＦでもやっている話で、私ひとりがいい張っているわけではない。誰も否定しようのない世界水準なのだ。

それを、否定してしまった日本の財務大臣ひいては日本は、世界からいったいどのような目で見られていたのだろうか。

私は30年以上にわたって、パブリックセクターバランスシートで国の財政状況を見る重要性を、ＩＭＦなど国際的な公的金融機関の関係者にもずいぶんと伝えてきた。２０１８年ごろから、ＩＭＦもきちんとした統計を出し、世界何十カ国でパブリックセクターバランスシートを出しはじめた。

それが大いに気に入らないのが財務省である。

私がある取材で、「IMFもきちんとわかって、（パブリックセクターバランスシートを）出しはじめた」といったところ、それを聞きつけた財務省はIMFに「そんなの、やめろ」と抗議したという。

こんな主張（抗議）を受け入れたら「会計的なことを、なにもわかっちゃいません」と、世界に向かって公言することになるため、さすがに聞き入れなかったらしいが、「IMFは変ないいがかりに屈しないで、普通に分析しているのだな」と素直に思った。

ただそれでも、財務省はこの統計をなかったことにしたり、書き直したりするなど、何をするかわからない可能性が多分にある。そこまでやるのが財務省なのだ。ちょっと心配になってホームページを確認したところ、きちんと掲載されており、私のいった通り、資産超過GDP費で8％（100兆円程度）という数字が出ていた。

ちなみに資産超過8％という数字は、G7の中で2番目にいい（126ページ）。

パブリックセクターバランスシートで、IMFにちゃんと数字がある。私をウソだウソだと攻撃したいのなら、まずＩＭＦに物申して、ＩＭＦの数字から書き直したほうが効率的であろう。

私は普通に分析して、パブリックセクターバランスシートをちゃんと作って、数字を出しているだけなのだ。なぜ、何をそんなに「デタラメだ！」と騒ぐのか解せない。

増税したい一心で、「借金で大変だ、大変だ‼」といっている財務省。ただ、連結ベースで全部を含めると、「財政状況は悪くない」で話が終わってしまう。さらにこの考えがだんだん浸透してきて、そろそろ「国の借金」だけでは増税の説明が、しにくくなってきた。

ならば、きちんと連結ベースで説明すればいいものを、そこまではしないらしい。

増税することで、財務省の権益になっている歳出権という予算を増やせる。それはどうしても手放したくない。ただ、財政が別に悪くないのに、「増税」「増税」といい募るのにかなりの違和感を感じるのは、私だけではないだろう。

根拠はない。でも「自分が正しい」といい張る厚顔さ

財政破綻論者の不思議なところの一つに、根拠がないのに「自分が正しい」といい張ることが挙げられる。財務省や財務省の御用学者、御用記者などいわゆるポチなら魂胆がわかるが、それ以外の人までも「日本は財政破綻する」といい続けているのは解せない。

しかも、「日本は財政破綻する」といっておきながら、自分自身は財政破綻に向けて対策を講じているようには見えないのだから、余計に謎である。いずれ破綻するとわかっているのなら、破綻したときに自分が最大利益を得られるように、動けばいいようなものであるのだが。

常識的に考えれば、財政破綻と国債暴落はセットで起こる。

「日本は財政破綻する」「日本国債は暴落する」といっている人が、何をもって「破綻」「暴落」といっているのかはよくわからないが、「日本という国が倒産しそうだ」となれば当然、日本の国債は叩き売られ価格はまさに暴落する。本当に倒産すれば返済不可能な借金となる。企業が不渡りを出すようなものだ。

では、この常識的な定義での国債暴落は、起こりうるのだろうか。

それは、金利（5章）を見れば一発でわかる。**国債は政府の借金**だ。基本的には、民間のお金の貸し借りと同じように考えてかまわない。金利も同様だ。この**金利はじつは財政状況の反映**でもある。

お金を貸すほうからすれば、貸した金が利子付きで戻ってくるかどうかが、いちばん重要だ。だから、しっかり返すアテのありそうな相手なら、「低い金利で貸してよかろう」という判断になる。一方、返すアテのなさそうな相手だと、利子は一気に高くなる。最初から高い利子をつけないとリスクヘッジにならないからだ。その極端な例がヤミ金だ。信用のない企業や個人は、借金を踏み倒すリスクが高いと見られる。ほぼ確実な借り手しか相手にしない銀行は、こういう企業や個人にはお金を貸さない。

それでもお金が必要だという弱みにつけこんで、ヤミ金が超高利でお金を貸すのだ。

このように、借金する側のリスクが低ければ、低利子でお金を貸してもらえる。リスクが高くなるほど、誰も低利子では貸してくれなくなり、高利子になっていく。

これを国債に当てはめて考えてみればいい。今、日本の国債の金利は国債の種類によって違いはあるが、だいたい0・4〜0・8%ぐらいだ。いっておくが、これはかなりの低金利である。国債の利ざやで儲けようといったって、ほとんど儲けの出ないくらいの金利だ。

それでも、日本国債を買う人がたくさんいる。「日本だったら、低金利で貸してよかろう」と判断している人が多いということだ。これは、日本の財政が安泰と見ているからにほかならない。本当に財政破綻がささやかれるほど日本の財政が危ういのなら、誰もこんな低金利ではお金を貸してくれないだろう。

本当に財政破綻すると思うなら「CDS」を買えばいい

「CDS（Credit default swap／クレジット・デフォルト・スワップ）」という金融派生商品（derivative／デリバティブ）を知っているだろうか。これは、株や債券の発行体（企業など）の倒産に備える保険のようなもので、CDSレート（保険料）は財政の良さ悪さを表す指標となる。

たとえば、私がA社の10万円の社債を買ったとして、A社が倒産したら社債は紙くずになる。利子も受け取れなくなるし、元本も戻ってこない。でもCDSを買って保険料を払っていれば、万が一、A社が倒産してもCDSの売り手がその損失を保証してくれる。一方、CDSの売り手としては、契約期間内に発行体が倒産しなければ、買い手から入る保証料が丸ごと利益になるわけだ。CDSは債券をもっていなくても買うことができる。その場合、契約期間内に債券の発行体が倒産しなければ、払った保険料が丸ごと損になる。

逆に、契約期間内に債券の発行体が倒産すれば、保証されたお金が入ってくる。

もともと債券を買ってはいない（つまり元手を払っていない）のだから、これは保証というよりは、保険料を差し引いた額が丸ごと儲けになるわけだ。

簡単にいうと、CDSはこういう仕組みである。

【図版1－3】を見るとよくわかる。縦軸がCDSレートで、上にいけばいくほど危ない。これをG7で並べると、パブリックセンターバランスシートのネットの資産（※総資産額から総負債額を引いた金額）が低いほどマイナスになって、大きいほどCDSレートは高くなる（※詳しくは割愛するが、この相関係数0・65は社会科学として説明がつく）。つまり、パブリックセクターバランスシートのネットの資産で、各国の財政状況はだいたいわかるわけで、私がつねひごろから話していることは、マーケットでも証明されているのだ。加えていえば、マーケットのほうも、パブリックセクターバランスシートで財政状況を見ているということである。

となれば、財政破綻論者がしておくといいことは、もう明らかだろう。仮に彼らが「10年以内に日本は財政破綻する」と見ているのなら、10年契約の日本国債のCDSを買えばいい。

【図版1－3】各国NetWorth（対GDP比：横）と
CDSレート（BP：縦）の関係（2022年）

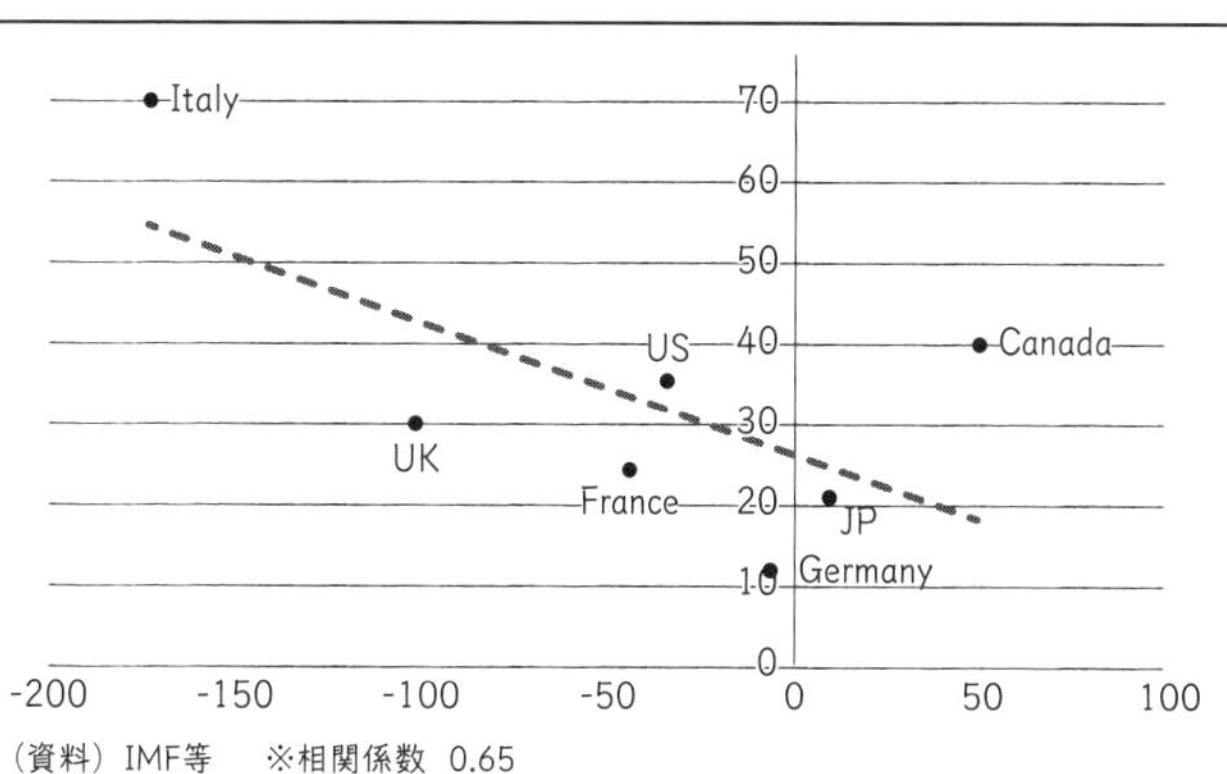

（資料）IMF等　※相関係数 0.65

幸い、彼らの予想に反して日本国債のリスクは低いと考えられているから、ＣＤＳレートもかなり低い。そこで予想どおり日本が財政破綻したら、１００％元本保証される。保証料を払うのを投資と考えれば、非常に高い投資効率になる。これほどおいしい話はないはずだ。

なぜ財政破綻論者がこのおいしい話に乗らないのだろうか。不思議で仕方がない。

もちろん、本書の読者にはおすすめしない。日本が財政破綻する確率は、きわめて低いから、保証料をまるまる損する確率が高い。

そして、今後、「日本は早晩、財政破綻

するし、国債は暴落する」という人に出会ったら、こう返してみるといい。

「じゃあ、どうして、日本国債の金利はこんなに低いんですか」

「財政破綻リスクが高いのに低金利の国債を買ってくれるなんて、お金が返ってこなくてもいいから日本にお金をあげようという、お人好しが多いんですね」

相手は何もいえなくなってしまうはずだ。

財務省はこうしてほくそ笑む

いままでの話で、日本が財政破綻する可能性は、きわめて低いということが、だいぶわかってきただろう。

それなのに、単なる自分達の都合で「財政難だから増税」と繰り返す財務省、その肩をもつ（というか、理解できないから財務省のいうことを鵜呑みにする）マスコミ（ポチ）のせいで、根拠のない財政破綻論が根強く流布され、自分たちの利益のために、税金をしぼりとれるだけしぼりとってやれという財務省がほくそ笑むことになる。

これは受け取る側のリテラシーが問われていると考えたほうがいい。流言飛語に惑わされるのは、危機感とは呼べない。単なる雰囲気で怖がっているだけだ。

そもそも、財政破綻論や国債暴落論を恐れる人のなかに、失ったら困るくらいの額の国債をもっている人が、どれくらい、いるのだろう。

おそらく、ほとんどいないのではないか。

自分の国の財政が破綻するかもしれないと聞いたら、たしかに、誰でも恐怖を感じるだろう。ただ、国債は国の借金であり、その借金がどうなるかは、貸し手と借り手の間の問題でしかない。つまり、国債をもっていなければ、たとえ財政破綻して国債が暴落しても、それほど困らないということだ。

少なくとも、多額の国債をもっており、暴落したら大損を被る人ほどは困らない。

だから、国債ももっていないのに、何の知識もなくマスコミに煽られて「財政破綻する」だの「国債暴落する」だのと騒いでいる人たちは、じつは本心から心配などしていないのではないか、とすら私には見える。

知らない間に片棒をかついでいる?

いってみれば、ホラー映画を見ているようなものだ。怖いもの見たさで、ドキドキしながらホラー映画を見る。いもしないオバケを疑似体験して、ワーキャーと騒ぐ。

これと同じように「日本は財政破綻するよね、まずいよね」「国債は暴落するよね、日本も終わりだね」などとうそぶく。

こんなのは、お祭り騒ぎと何も変わらない。

ホラー映画は好きなら見ればいいが、国の経済、財政については、もう少しリテラシーを高めてから考えてみてほしいものである。

もちろんいちばん悪いのは財務省だ。

ただ、**軽率にも乗っかる人がいるから、財政破綻論者や国債暴落論者たちも増長し、財務省がほくそ笑むことになる**のだ。

2章

財務省の口車に乗らないために知っておきたい経済の基礎知識

ダマされないためには「全体を見渡す視点」が必要

「金は天下の回りもの」というが、どのように天下を回っているのか、それを理解しないことには何もはじまらない。そこで手はじめに、お金が世の中をどのように回っているか、大まかに説明しておこう。

まずお金――「日本銀行券」というのが正式名称だが、いったいどこで作られて発行されているのか。発行元は日銀である。もちろん漫然とお金を刷って、日銀が世の中にばらまいているわけではない。しっかりとした目的のもとで刷られたお金は、民間の金融機関を通じて世の中に出回っている。

わかりやすい例でいえば、民間の金融機関からの企業への融資だろうか。

企業は一定の利子つきで金融機関からお金を借り、事業を行う。そこで上がった収益から社員に給料を払い、法人税や消費税を国に納める。銀行に利子つきで借金を返したり預けたりもする。さらに余裕があれば、事業拡大のために設備投資もする。

個人は働いている企業から給料を受け取り、そこから年金などの社会保険料や所得税を国に納める。モノやサービスを買う。蓄えのために銀行に預金もするだろう。


民間の金融機関は、日銀に無利子の「当座預金」（日銀当座預金）を持っており、個人や企業から預かったお金の一定割合を、日銀に預けなければならないことになっている。日銀が「銀行の銀行」といわれるゆえんである。当座預金は銀行同士の取引や、企業や個人への払い戻しの際に使われる。

世の中に出回っているお金と、この日銀当座預金を合計した額を、「マネタリーベース」という。これは非常に重要なキーワードなので、覚えておいてほしい。

お金が回り回ることで、世界は成り立っている

日銀が刷り、民間の金融機関経由で世の中に出回ったお金は、いま述べたように企

業活動および個人の労働によって増やされ、その一部が返済や貯金として銀行に行き、またほかの一部は税金として国に納められる。そして国は、集まった税金を国の運営に使う。各省庁がそれぞれ必要な予算を求め、国会で決まった予算を通じて最終的な采配は、歳出権を持つ財務省と各省庁が行うのである。

この一連の流れがくりかえされる。

国の運営資金が足りない場合は、国は利子つきで国債を発行し、民間の金融機関や企業、個人に売ってお金を集める。つまり国が民間からお金を借りるということだ。国債には5年債や10年債といった種類があり、年数はそれぞれ利子つきで戻ってくる（償還される）までの期間を示す。

すべての人が、消費者であり、同時に生産者でもある。買う立場であるとともに、売る立場でもあるということだ。このように、世の中全体で絶え間なく行われている生産・消費活動のなかで、お金が回り回って日本を、そして世界を成り立たせているのだ。

なぜ国は経済成長を目指すべきなのか
――「オークンの法則」

世の中には、ウソや誤解、財務省の仕掛けた罠から生まれた論説がはびこっていることを先に述べた。虚構まがいの論説を世間に振りまく人も、それを信じ込んでしまう人も、じつのところ陥っているところは同じだ。こういう人たちには、その場その場で主観的、感覚的にモノを考えるクセがある。揺るぎないロジックに従って考えれば単純明快なことを、わざわざ頭の中でこねくり回し、一貫性にも整合性にも乏しい、めちゃくちゃなことをいい出す。

なぜ、そうなってしまうのか。

――要するに、社会を正しく見るための「フレームワーク」が欠けているのだ。そして経済においては、経済理論こそその「フレームワーク」といえる。

さて、その虚構まがいの論説の一つに、「経済成長よりずっと大切なことがある」「低成長でもいいじゃないか」といったものがある。

はっきりいって愚論だが、それがわかるのが、これから説明する「オークンの法則」だ。

数ある経済理論（フレームワーク）の中でも、もっとも重要といえ、私も大学の経済学の講義では、この法則から教えることが多い。オークンの法則がわかっていれば、「なぜ国は成長を目指すべきなのか」がわかるし、バカなことをいう人たちを一撃で論破できる。

経済成長率が高ければ、失業率は低くなる

オークンの法則とは、【図版2－1】のように、**経済成長率が上がると失業率は下がる**、という法則だ。

【図版2－2】（65ページ）は、内閣府が公開している「長期経済統計」のなかの「暦年統計　国民経済計算」の一部だ。ズラリと数字が並んでいるのを見て怯んでし

【図版2－1】オークンの法則

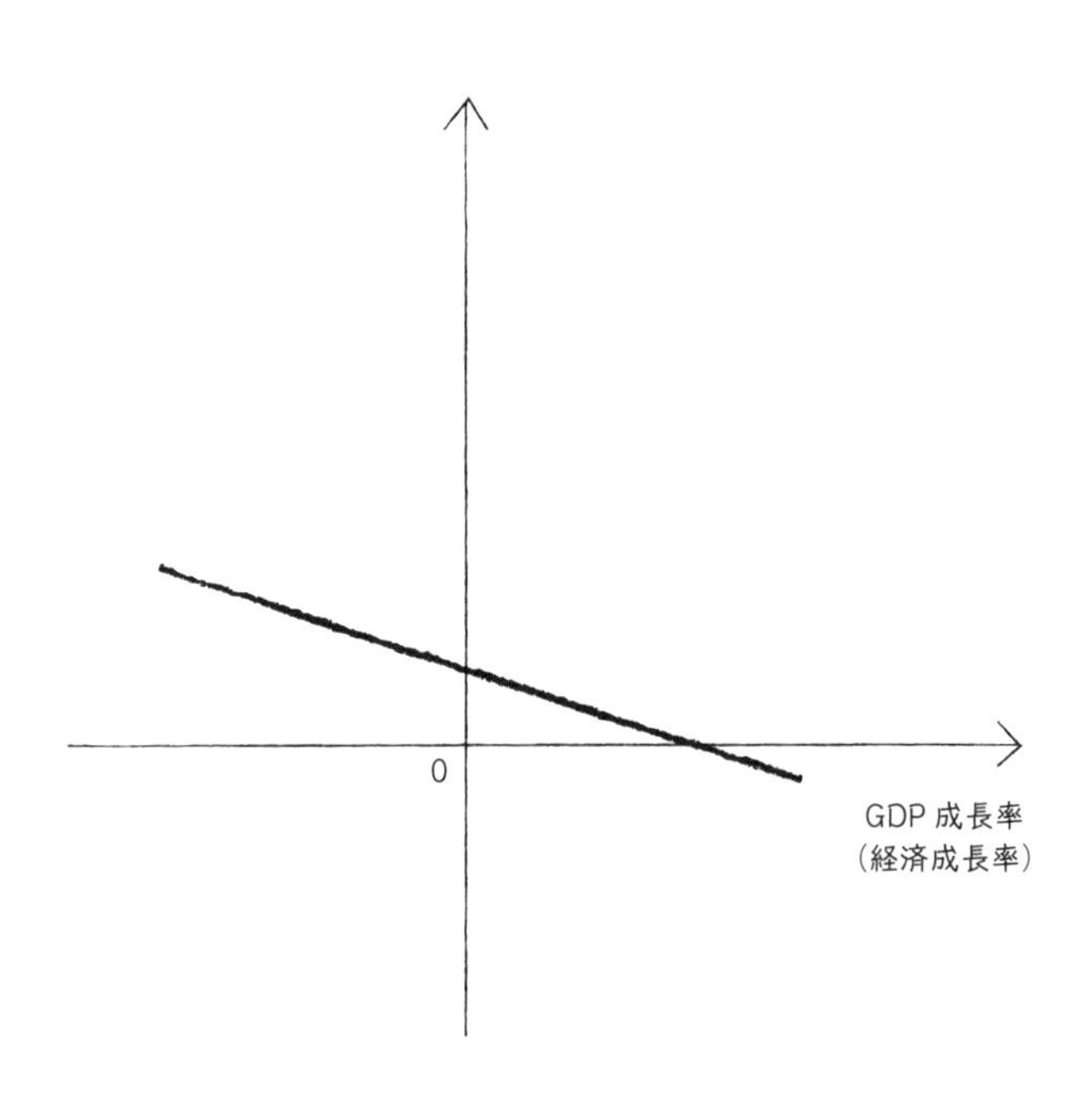

・アメリカの経済学者、アーサー・オークンが1962年に発表

まった読者も多いかもしれないが、ここで注目してほしいのは「国内総生産　実質前年比」のデータ（【図版2−3】／67ページ）だけである。

これがオークンの法則のヨコ軸「ＧＤＰ成長率（経済成長率）」だ。そして、ここでもう１つ登場するのが、同じく内閣府「長期経済統計」「人口・雇用」のなかの「完全失業率」（失業率）のデータだ（【図版2−4】／69ページ）。

この失業率については前年との差を出してみよう。たとえば１９５８年の２・１％から１９５７年の１・９％を引き算すると０・２％だ。２０２２年まで同じ計算を行う。

これがオークンの法則のタテ軸「完全失業率の前年との差」となる。

さて、このデータをすべて使ってもいいが、日本経済を考えるときに、１９９０年で大きく異なりそれ以降は停滞している。

そこで１９９０年以降について、先の経済成長率と、今の失業率の前年との差を並べてリストにすると、【図版2−5】（70ページ）のようになる。

さらに、経済成長率をヨコ軸、完全失業率の前年との差をタテ軸として「散布図」

【図版2－2】国民経済計算（暦年）

	国内総生産（GDP）			国民総所得（GNI）		国民所得					
	名目		実質	名目	実質	名目国民所得		名目雇用者報酬		1人当たり	1人当たり
	総額	前年比	前年比	前年比	前年比	総額	前年比	総額	前年比	GDP	雇用者報酬
暦年	10億円	%	%	%	%	10億円	%	10億円	%	千円	前年比 %
1955	8,923.60	—	—	—	—	6,772.00	—	3,456.00	—	94	—
1956	10,046.00	12.6	7.5	12.5	7.4	7,587.40	12.0	3,973.50	15.0	105	6.9
1957	11,577.10	15.2	7.8	15.1	7.7	8,790.10	15.9	4,480.90	12.8	120	5.2
1958	12,302.20	6.3	6.2	6.2	6.1	9,188.00	4.5	4,952.10	10.5	126	5.9
1959	14,063.50	14.3	9.4	14.2	9.3	10,528.70	14.6	5,590.80	12.9	143	7.5
1960	17,069.60	21.4	13.1	21.3	13	12,912.00	22.6	6,483.10	16.0	172	10.1
1961	20,616.60	20.8	11.9	20.7	11.8	15,572.30	20.6	7,670.20	18.3	206	13.2
1962	23,395.30	13.5	8.6	13.4	8.6	17,499.20	12.4	9,151.70	19.3	231	14.0
1963	26,775.70	14.4	8.8	14.4	8.7	20,191.90	15.4	10,672.50	16.6	262	13.1
1964	31,497.00	17.6	11.2	17.5	11.1	23,377.00	15.8	12,475.80	16.9	305	13.0
1965	35,041.80	11.3	5.7	11.3	5.7	26,065.40	11.5	14,528.20	16.5	336	11.8
1966	40,696.90	16.1	10.2	16.2	10.3	30,396.10	16.6	16,811.90	15.7	386	11.1
1967	47,691.70	17.2	11.1	17.2	11.1	36,005.30	18.5	19,320.10	14.9	448	12.0
1968	56,481.90	18.4	11.9	18.4	11.9	42,479.30	18.0	22,514.00	16.5	525	13.7
1969	66,348.50	17.5	12.0	17.5	12.0	49,938.30	17.6	26,500.70	17.7	609	15.8
1970	78,200.40	17.9	10.3	17.9	10.3	59,152.70	18.5	31,942.20	20.5	708	16.6
1971	86,043.80	10.0	4.4	10.1	4.5	64,645.10	9.3	37,867.70	18.6	764	14.9
1972	98,511.00	14.5	8.4	14.7	8.6	74,601.00	15.4	44,069.30	16.4	862	13.3
1973	119,945.60	21.8	8.0	21.8	8.1	91,823.10	23.1	55,235.80	25.3	1,035	21.6
1974	143,130.90	19.3	-1.2	19.1	-1.4	109,060.80	18.8	70,087.70	26.9	1,219	26.1
1975	158,146.60	10.5	3.1	10.6	3.2	121,025.90	11.0	81,678.20	16.5	1,330	16.2
1976	177,600.70	12.3	4.0	12.3	4.0	137,119.60	13.3	92,120.90	12.8	1,478	10.8
1977	197,910.50	11.4	4.4	11.5	4.4	151,395.20	10.4	102,896.80	11.7	1,631	10.0
1978	217,936.00	10.1	5.3	10.2	5.4	167,571.70	10.7	111,163.60	8.0	1,780	7.2
1979	236,213.30	8.4	5.5	8.5	5.6	180,707.30	7.8	120,120.30	8.1	1,915	5.9
1980	256,075.90	8.4	2.8	8.2	2.7	196,750.20	8.0	129,497.80	8.5	2,079	5.2
1981	274,615.90	7.2	4.3	7.1	4.3	209,047.20	6.3	140,219.90	8.3	2,219	6.5
1982	288,613.00	5.1	3.3	5.3	3.3	219,327.20	4.9	148,172.10	5.7	2,314	4.1

↑ココに注目する（【図版2－3】）

1989	428,994.10	7.1	4.9
1990	461,295.10	7.5	4.8
1991	491,418.90	6.5	3.5
1992	504,161.20	2.6	0.9
1993	504,497.80	0.1	−0.5
1994	510,916.10	1.3	1.1
1995	521,613.50	2.1	2.6
1996	535,562.10	2.7	3.1
1997	543,545.40	1.5	1.0
1998	536,497.40	−1.3	−1.3
1999	528,069.90	−1.6	−0.3
2000	535,417.70	1.4	2.8
2001	531,653.90	−0.7	0.4
2002	524,478.70	−1.3	0.0
2003	523,968.60	−0.1	1.5
2004	529,400.90	1.0	2.2
2005	532,515.60	0.6	1.8
2006	535,170.20	0.5	1.4
2007	539,281.70	0.8	1.5
2008	527,823.80	−2.1	−1.2
2009	494,938.40	−6.2	-5.7
2010	505,530.60	2.1	4.1
2011	497,448.90	−1.6	0.0
2012	500,474.70	0.6	1.4
2013	508,700.60	1.6	2.0
2014	518,811.00	2.0	0.3
2015	538,032.30	3.7	1.6
2016	544,364.60	1.2	0.8
2017	553,073.00	1.6	1.7
2018	556,630.10	0.6	0.6
2019	557,910.80	0.2	−0.4
2020	539,808.20	-3.2	−4.1
2021	552,571.40	2.4	2.6
2022	559,710.10	1.3	1.0

【図版２－３】国民経済計算（一部）

	国内総生産（GDP）		
	名目		実質
	総額	前年比	前年比
暦年	10億円	%	%
1955	8,923.60	―	―
1956	10,046.00	12.6	7.5
1957	11,577.10	15.2	7.8
1958	12,302.20	6.3	6.2
1959	14,063.50	14.3	9.4
1960	17,069.60	21.4	13.1
1961	20,616.60	20.8	11.9
1962	23,395.30	13.5	8.6
1963	26,775.70	14.4	8.8
1964	31,497.00	17.6	11.2
1965	35,041.80	11.3	5.7
1966	40,696.90	16.1	10.2
1967	47,691.70	17.2	11.1
1968	56,481.90	18.4	11.9
1969	66,348.50	17.5	12.0
1970	78,200.40	17.9	10.3
1971	86,043.80	10.0	4.4
1972	98,511.00	14.5	8.4
1973	119,945.60	21.8	8.0
1974	143,130.90	19.3	-1.2
1975	158,146.60	10.5	3.1
1976	177,600.70	12.3	4.0
1977	197,910.50	11.4	4.4
1978	217,936.00	10.1	5.3
1979	236,213.30	8.4	5.5
1980	256,075.90	8.4	2.8
1981	274,615.90	7.2	4.3
1982	288,613.00	5.1	3.3
1983	301,844.10	4.6	3.6
1984	319,663.60	5.9	4.4
1985	340,395.30	6.5	5.2
1986	357,276.10	5.0	3.3
1987	373,273.00	4.5	4.6
1988	400,566.90	7.3	6.7

1987	5,911	4,428	74.9	173	2.8
1988	6,011	4,538	75.5	155	2.5
1989	6,128	4,679	76.4	142	2.3
1990	6,249	4,835	77.4	134	2.1
1991	6,369	5,002	78.5	136	2.1
1992	6,436	5,119	79.5	142	2.2
1993	6,450	5,202	80.7	166	2.5
1994	6,453	5,236	81.1	192	2.9
1995	6,457	5,263	81.5	210	3.2
1996	6,486	5,322	82.1	225	3.4
1997	6,557	5,391	82.2	230	3.4
1998	6,514	5,368	82.4	279	4.1
1999	6,462	5,331	82.5	317	4.7
2000	6,446	5,356	83.1	320	4.7
2001	6,412	5,369	83.7	340	5.0
2002	6,330	5,331	84.2	359	5.4
2003	6,316	5,335	84.5	350	5.3
2004	6,329	5,355	84.6	313	4.7
2005	6,356	5,393	84.8	294	4.4
2006	6,389	5,478	85.7	275	4.1
2007	6,427	5,537	86.2	257	3.9
2008	6,409	5,546	86.5	265	4.0
2009	6,314	5,489	86.9	336	5.1
2010	6,298	5,500	87.3	334	5.1
2011	6,293	5,512	87.6	302	4.6
2012	6,280	5,513	87.8	285	4.3
2013	6,326	5,567	88.0	265	4.0
2014	6,371	5,613	88.1	236	3.6
2015	6,402	5,663	88.5	222	3.4
2016	6,470	5,755	88.9	208	3.1
2017	6,542	5,830	89.1	190	2.8
2018	6,682	5,954	89.1	167	2.4
2019	6,750	6,028	89.3	162	2.4
2020	6,710	6,005	89.5	192	2.8
2021	6,713	6,016	89.6	195	2.8
2022	6,723	6,041	89.9	179	2.6

【図版２－4】完全失業率

	雇用				
	就業者数	雇用者数	雇用者比率	完全失業者数	完全失業率
暦年	万人	万人	%	万人	%
1957	4,281	2,053	48.0	82	1.9
1958	4,298	2,139	49.8	90	2.1
1959	4,335	2,250	51.9	98	2.2
1960	4,436	2,370	53.4	75	1.7
1961	4,498	2,478	55.1	66	1.4
1962	4,556	2,593	56.9	59	1.3
1963	4,595	2,672	58.2	59	1.3
1964	4,655	2,763	59.4	54	1.1
1965	4,730	2,876	60.8	57	1.2
1966	4,827	2,994	62.0	65	1.3
1967	4,920	3,071	62.4	63	1.3
1968	5,002	3,148	62.9	59	1.2
1969	5,040	3,199	63.5	57	1.1
1970	5,094	3,306	64.9	59	1.1
1971	5,121	3,412	66.6	64	1.2
1972	5,126	3,465	67.6	73	1.4
1973	5,259	3,615	68.7	68	1.3
1974	5,237	3,637	69.4	73	1.4
1975	5,223	3,646	69.8	100	1.9
1976	5,271	3,712	70.4	108	2.0
1977	5,342	3,769	70.6	110	2.0
1978	5,408	3,799	70.2	124	2.2
1979	5,479	3,876	70.7	117	2.1
1980	5,536	3,971	71.7	114	2.0
1981	5,581	4,037	72.3	126	2.2
1982	5,638	4,098	72.7	136	2.4
1983	5,733	4,208	73.4	156	2.6
1984	5,766	4,265	74.0	161	2.7
1985	5,807	4,313	74.3	156	2.6
1986	5,853	4,379	74.8	167	2.8

【図版２－５】経済成長率と完全失業率の
前年との差を並べたリスト

	経済成長率 （実質国内総生産）	完全失業率の 前年との差
1990	4.8	−0.2
1991	3.5	0.0
1992	0.9	0.1
1993	−0.5	0.3
1994	1.1	0.4
1995	2.6	0.3
1996	3.1	0.2
1997	1.0	0.0
1998	−1.3	0.7
1999	−0.3	0.6
2000	2.8	0.0
2001	0.4	0.3
2002	0.0	0.4
2003	1.5	−0.1
2004	2.2	−0.6
2005	1.8	−0.3
2006	1.4	−0.3
2007	1.5	−0.2
2008	−1.2	0.1
2009	−5.7	1.1
2010	4.1	0.0
2011	0.0	−0.5
2012	1.4	−0.3
2013	2.0	−0.3
2014	0.3	−0.4
2015	1.6	−0.2
2016	0.8	−0.3
2017	1.7	−0.3
2018	0.6	−0.4
2019	−0.4	0.0
2020	−4.1	0.4
2021	2.6	0.0
2022	1.0	−0.2

【図版２－６】経済成長率と完全失業率の前年との差の散布図

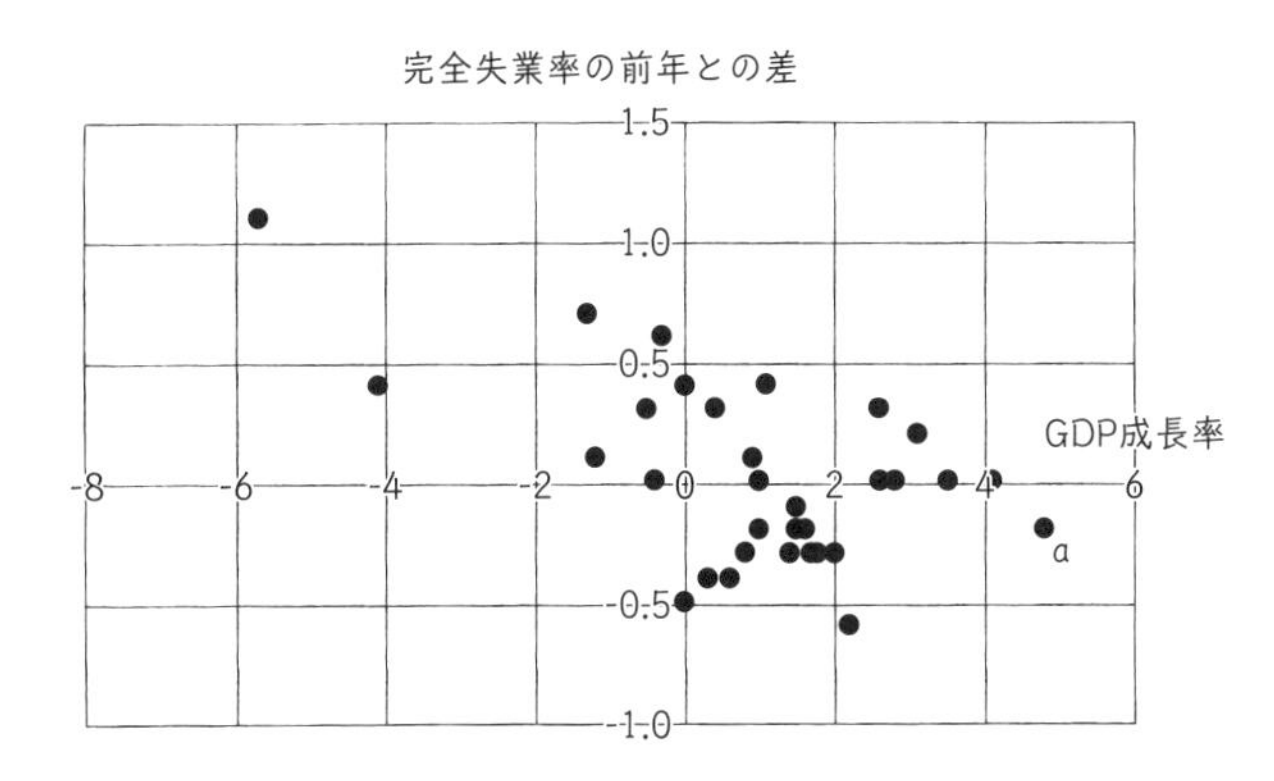

にしたものが【図版２－６】だ。散布図とは、タテ軸とヨコ軸の数値が交差する位置に打点した平面図のことだ。

たとえば、散布図（【図版２－６】）上の点ａは、１９９０年の経済成長率「４・８」と完全失業率の前年との差「マイナス０・２」が交差する位置に打点してあるという具合だ。

統計学の真っ当な分析から得られた「あきらかな真実」

この【図版２－６】から導かれるのが、オークンの法則である。**「経済成長率が高ければ、失業率は低くなる」という法則が見て取れる**のがわかるだろうか。

散布図が示すものを理解するには、少し統計学の知識が必要だ。

見てのとおり、散布図の点はバラバラに散らばっている。これらの点をまとめて丸で囲ったときに、幅の狭い楕円形になるほどに、タテ軸とヨコ軸の二つの要素には強い相関がある。

そして、その楕円形の傾きが右上がりの場合は正の相関となり、逆に、その楕円形が右下がりの場合は、負の相関となる。

もちろん、今の説明は、ごく単純明快に述べるとそうなる、という話に過ぎない。

現実社会はそれほど単純ではないから、【図版2－6】（71ページ）の散布図の点をまとめて丸で囲んでも、きれいな楕円形など現れない。だがそこには、確実に一つの傾向があるのだ。その傾向を出すには回帰分析という作業を行う必要があるのだが、じつはエクセルのグラフ機能を使えば一瞬でできる。

その加工を【図版2－6】に加えたものが【図版2－7】だ。

先ほどの「楕円形の向き」の説明を思い出してほしい。エクセルのグラフ機能によ

【図版２－7】実データにあらわれたオークンの法則

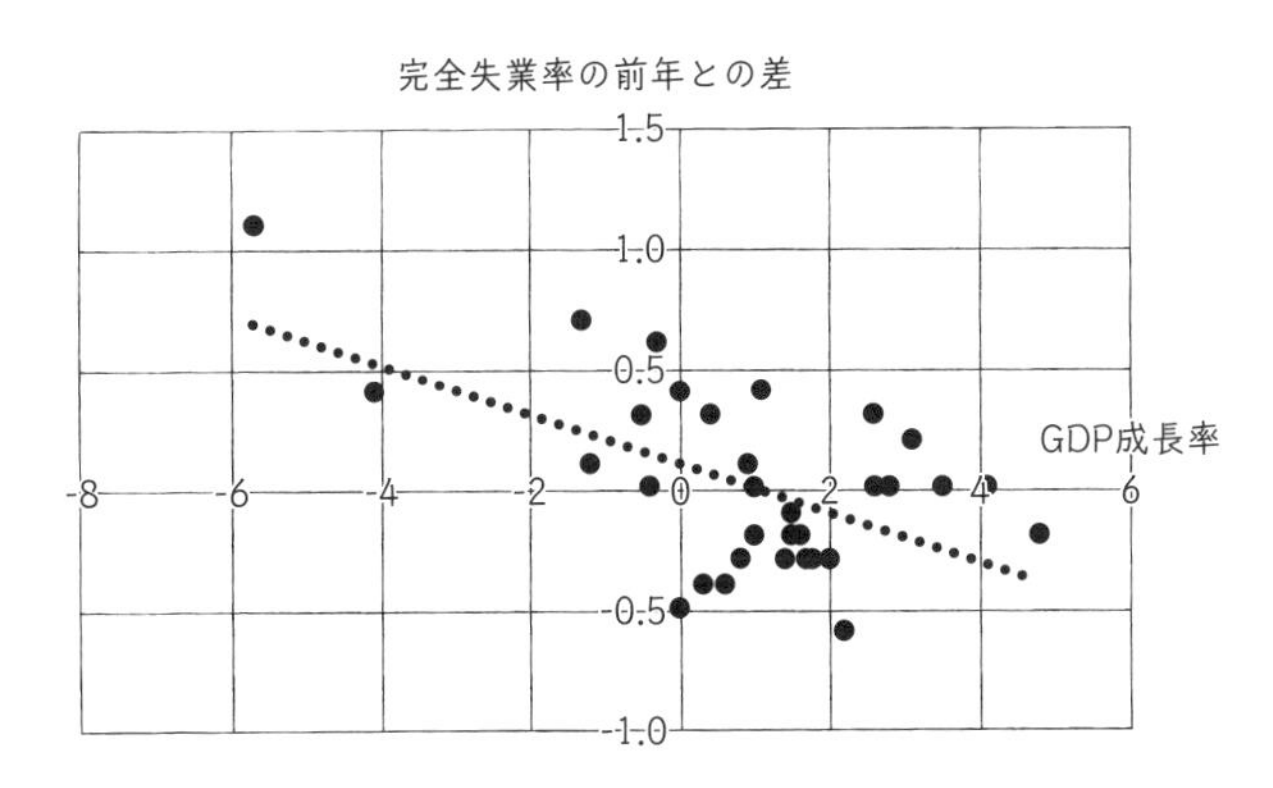

って【図版２－７】に引かれた線は「右下がり」だから、**経済成長率と完全失業率の前年との差の散布図は、負の相関を示しているということになる。**

つまり、経済成長率が高くなれば、失業率は下がる。経済成長率と完全失業率の前年との差の散布図と、そこに引かれた回帰直線は、点の位置や線の傾き具合こそ国によって異なるが、「右下がりの線になる」という点は、たいていの国に当てはまる。

ここまで読んできて、「経済成長率が上がれば失業率が下がるというのは、何となく感覚的に想像がつく」と思った読者もいるかもしれない。では、どうしてオークンの法則では、単純に「経済成長率と失業率」を並べないのだろうか。失業率の前年との「差」を出してから相関を分析するという、そこそこ面倒なひと手間を加えているのは、なぜなのだろう。

まず前提として、**法則とは「たいていのケースに当てはまる」**ということがあげられる。たしかに、単純に経済成長率と失業率の相関を分析するだけで、はっきりと負の相関が示されるケースもある。ただ、これだと当てはまらないケースも多々ある。

それでは「法則」とは呼べない。

「差」に着目するというのは、いわば「より純粋化された数値」で現象をとらえるための統計学の一手法である。だからアーサー・オークンは、「経済成長率」と「失業率の前年との差」を並べて、相関を分析してみたのだろう。

やはり財務省は〝これっぽっち〟も国民のことを考えてはいない

オークンが発見したように、一国の経済成長率と失業率には負の相関がある。

つまり、国が成長すればするほど、その国の失業者は減るといっていい。

ウラを返せば、**仕事がなくて食えない人を減らすためには、国を挙げて継続的な経済成長を目指す**こと、これに尽きるというわけだ。

経済成長すると国が豊かになって、国民の所得も上がるというメリットもあるが、これは、いわば副産物に過ぎない。では**経済成長の主産物は何かといえば、失業者が極限まで減ること**なのだ。

国民全員が贅沢な暮らしができるようになるというのは、なかなか難しい。たくさん稼げるかどうかは個人の才覚や時の運にもかかっている。だが、**ほとんどの国民が最低限、食うには困らないという社会は、継続的な経済成長を目指すことで作っていける**のである。

もちろん経済成長は、すべての問題を解決できる万能策というわけではない。それでも**経済成長しないケースと比べれば、ある程度の問題は解決できる。**経済成長は、国民すべての所得を増やすことになる。つまりパイが大きくなるため、弱者を助ける分配問題でも解決が容易になるのだ。

そう考えてみると、「経済成長よりずっと大切なことがある」「低成長でもいいじゃないか」といった主張が、いかに愚論であるかもわかるだろう。

財政再建を達成するために、経済成長という方法をとらない財務省は、やはり国民のことなどこれっぽっちも考えてない。

実際、報道番組や討論番組で「経済成長なんてしなくていい」という人に、「じゃあ、あなたは失業率が上がったほうがいいと考えているんですね」などと返すと、たいてい相手はポカンとしてしまう。

そもそも**経済成長は、豊かさに必要なものだ。**成長を忌み嫌う人たちは、「豊かさなんていらない」というのだろうが、オークンの法則から豊かさの減少は失業者の増加を意味する。

国民に対する国の責任として、経済政策で最優先される目標は、食えない人を最小限にまで減らすこと、つまり「失業率を極限まで低くすること」である。そのための処方箋としては、**経済成長をしてより豊かになるのがもっとも容易**なのだ。

逆にいえば、経済成長せずに失業率を減らすのは至難の業だ。こういう経済理論がわかっていない財務省に洗脳された「成長不要論者」(これもポチの一種である)とは、まともな議論すら成り立たないのである。

そして**財務省は国民に対する責任を放棄している**ことになる。

真っ先に救うべきは「仕事のない人」

「経済成長の恩恵を受けるのは一部のお金持ちだけだ」という、妙な刷り込み（洗脳）がある経済成長を否定する人たちは、成長を目指すための経済政策にも当然というべきか、やたらと目くじらを立てる。

さて、経済政策の影響が、まずわかりやすく現れるのは株価だ。株価が上がると、直接的に利益を得るのは投資家だが、結果的に労働者の賃金も上がり国民全体がより潤う。

もう少し具体的にいえば、経済政策によって成長が促されると、

①　株価が上がり
②　名目賃金（賃金として受け取った貨幣額）が上がり
③　物価が上がり

④　最後に実質賃金（名目賃金を消費者物価指数で割った額）が上がる

のだ。もちろん、ここまでできれば、経済政策として満点である。実際には、できても①や②で終わることも少なくない。

今も述べたように、名目賃金と実質賃金の上昇の間には物価の上昇（③）がある。このとき、実質賃金は一時的に下がる。単純にいえば、実際に給料として受け取る額が増えても、物価が上がっていると、消費で出ていく額も増えるからだ。だが、その時期を抜けると、物価上昇の影響が企業で働く人たちにも波及し、実質賃金が上がる。つまり、実感として「潤った」と感じる人が多くなる。

もちろんケースバイケースではあるが、ざっくりとこうした順序があり、実質賃金が上がるには、株価上昇から首尾よくいっても、数年以上かかるといったところだろうか。

これに加えて、成長率が上がって失業率が下がれば、自然と人手不足となる。そうなれば、労働市場は売り手市場となるため、企業は、より多くの賃金を確約して人材を確保しようとする。

こうした順序が見えていないから、「経済成長＝株価上昇＝投資家だけが儲かってずるい＝成長いらない」という短絡的な発想、つまりは財務省の思惑に洗脳されてしまうのだろう。

今日食うだけで精一杯という人もいるだろうが、本当に苦しいのは、仕事がない人たちだ。何度もいうが、**経済政策によって国がフォローすべき人たち、フォローできる人たちとは、「今日食うだけで精一杯な有職者」より、はるかに大変な「今日食えるかどうかすらも、わからない失業者」なのである。**

ちなみに後でも述べるように、失業率は2％半ばくらいが最低限である（94ページ）。

経済成長を促すべく経済政策を行うことで、失業者を減らす。国にできるのはここまでだ。賃金上昇は、その後からついてくるものと考えておいたほうがいい。

「実質賃金はとうぶん上がらない」——その理由とは?

さて、ここで実質賃金について少々触れておきたい。

賃金について、マスコミが報道で使ってるのは厚生労働省（以下／厚労省）のデータである。厚労省が労働者を調査して、いろいろなところの賃金（定期昇給だけではなく、ボーナスも含めたものすべて）を調査している。

これが、毎月勤労統計だ。

名目賃金の数字が出たら、機械的に名目賃金を消費者物価指数で割り戻すと、実質賃金が出てくる。これを「実質化」という。ただ、機械的に割算するときにちょっとテクニカルな留保があり、消費者物価指数には普通、全部の総合（全体の総合といっている）を使うが、厚労省が使っているデータは「除く帰属家賃」というものが入っている。

帰属家賃という言葉をはじめて聞いた人も多いかもしれないが、ざっくりいうと、「持ち家の人も家賃を払って、賃貸に住んでいると仮定する」ということだ。

そうしないと持ち家比率が高い国は、消費者支出が低く出てしまうからである。みんな家賃を払っているというかたちをとって、国際的に調整しましょうというのが帰属家賃なのだ。

日本はちょっと、へんちくりん

ただ、1970年ぐらいに世界的にそういう話になったにもかかわらず、厚労省は国際比較の感覚がないためか、今現在に至るまで帰属家賃を除いた数字でずっと計算し、統計を出してきた。はっきりいって間違いに近いのだが、世界的な動きにとりのこされたまま、ずっとそのままでやってきてしまったのだ。

そうなると、実質賃金を計算するときに、帰属家賃を除いた消費者物価で計算するため、帰属家賃を入れた普通の消費者物価指数と、帰属家賃を除いた消費者物価指数で差が出てしまう。家賃はあまり上がらないからだ。

つまり、帰属家賃を除いた消費者物価で、実質賃金がプラスになるということは、名目賃金の上昇率が2・5%のときには、仮にインフレ率（173ページ）が2%だとして、実質賃金は2・5%から2を引いた0・5%となる。帰属家賃を除いた消費者物価は2・5%ぐらいになるため、たとえ名目賃金の上昇率が2・5%でもほぼ0になってしまうのだ。厚労省の数字を使う限り、実質賃金がプラスになるのはかなり難しい。

厚労省はデータを変えないのかと、思うかもしれない。あるいは、変えられない理由でもあるのかと思っただろうか。

本来は変えてもいいはずだが、今このタイミングで変えると、「もっと前にやれよ」という話に、当然のことながらなってしまう。それがイヤで変えないのかもしれない。

本当にトロく、そのときにポケーッとしているから、こういうことになってしまう。ただ、国際比較するためにも、今からでも変えた方がいい。他の国は帰属家賃を含んだ消費者物価で、実質化しているからである。

物価が上がると失業率は下がる ――「フィリップス曲線」

成長率と失業率の相関性を示すオークンの法則に加えて、もう一つ、知っておきたい重要理論がある。

それが「フィリップス曲線」（【図版2－8】／85ページ）だ。

前項で説明したとおり、「オークンの法則」は「成長率と失業率の相関性」を示す法則だ。一方、フィリップス曲線は「物価と失業率の相関性」を示す。つまり、フィリップス曲線は、失業率のもう一つの指標といえる。

では、フィリップス曲線は、なぜ、まず知っておきたい経済理論なのか。ひとことでいえば、「経済がどのような順序で回っていくのか」が、より深く理解できるからである。

オークンの法則がちゃんと理解できていれば、すでにピンときているかもしれない。**物価が上がれば、失業率は下がる。**物価上昇は、より経済活動が活発になった結果である。そして経済活動が活発になったというのは、つまりビジネスが盛んに回っているということであり、仕事がたくさん増えて人手不足になる。だから物価が上がっているときには、失業率が下がるのだ。この相関性をグラフで表現したものが、フィリップス曲線である。

【図版2－8】のように、失業率と物価上昇率の関係は、ゆるやかな曲線を描く。

なお、フィリップス曲線は教科書的には【図版2－8】のように、「物価上昇率」をタテ軸、「失業率」をヨコ軸にとったものだが、座標軸が入れ替わっても示していることは同じだ。

失業者を極限まで減らすことを最重要課題とすれば、むしろ失業率をタテ軸にとったほうが、つかみやすいのではないかと私は考えている。そこでこの項目では、今後、あえて失業率をタテ軸に据えることにした。

そのほうが、オークンの法則と並べて見たときにもわかりやすいだろう。

【図版２－8】フィリップス曲線

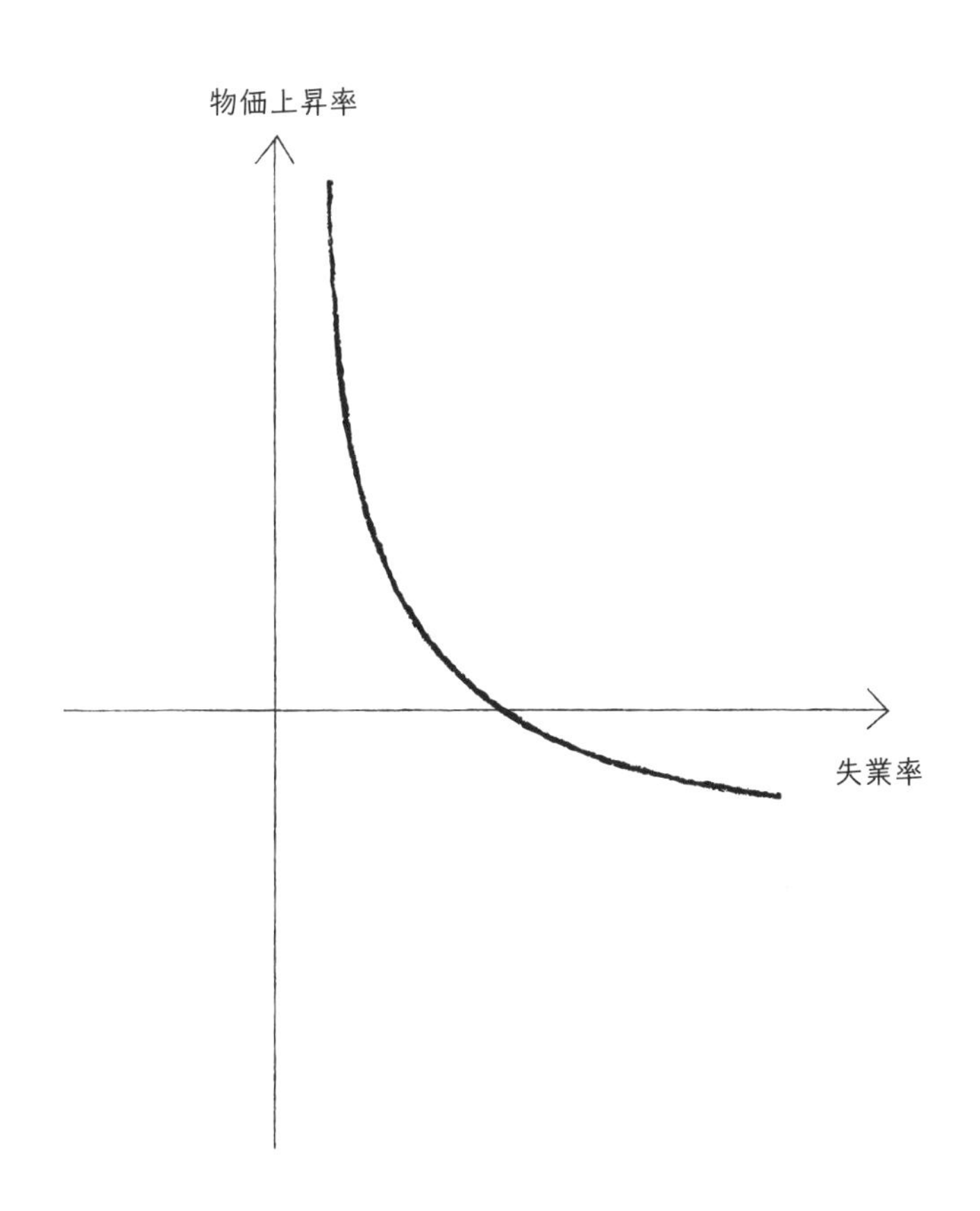

・経済学者、アルバン・ウィリアム・フィリップスが1958年に発表

オークンの法則とフィリップス曲線の2理論をもって、**経済成長率が上がり、物価上昇率が上がると、失業率が下がる**ということが一目瞭然となる。

フィリップス曲線も経験則だから、もちろん、実際のデータと符合する。

【図版2－9】（89ページ）は、前にも載せた内閣府公表の「長期経済統計」の中の「物価」の一部データだ。

このうち「消費者物価指数（前年比）」のデータ（失業率のデータ数と合わせるため、1957年以降）と、前出の「完全失業率」のデータを並べたものが**【図版2－10】**（90ページ）で、これらを散布図にしたものが**【図版2－11】**（91ページ）だ。

【図版2－8】（85ページ）のような曲線にならないのは、やはり現実社会がそれほど単純ではなく、たまに極端な現象が起こった際のデータも含まれるからだ。

たとえば、**【図版2－9】**の1974年の消費者物価指数（前年比）を見ると、23・2という極端な値になっており、散布図では右端に一つだけ離れ小島のように点が打たれている。

現実社会をとらえるには、「だいたいの傾向」をつかむことが重要なのだ。

物価と失業率の散布図も「だいたいの傾向」に着目すれば、線は右下がりになっており、物価と失業率は負の相関にあることが見てとれるだろう。

さらに1990年以降に絞ると【図版2－12】（92ページ）、【図版2－13】（93ページ）のようになる。【図版2－11】に比べると消費者物価指数（前年比）の動きが少ない。

物価と失業率が負の相関にあることには変わりないとはいえ、失業率の変動ほど物価は変動していないことを示している。

このグラフは、ある意味でおもしろみがないといえるが、それだけ狂乱物価がなくなり物価の動きをコントロールできたともいえるので、生活水準はよくなったことを示すともいえる。

1988	101.2	−0.5	85.0	0.7
1989	103.0	1.8	86.9	2.3
1990	104.6	1.6	89.6	3.1
1991	105.7	1.1	92.6	3.3
1992	104.7	−0.9	94.1	1.6
1993	103.1	−1.5	95.4	1.3
1994	101.4	−1.6	96.0	0.7
1995	100.5	−0.9	95.9	−0.1
1996	98.9	−1.6	96.0	0.1
1997	99.5	0.6	97.7	1.8
1998	98.0	−1.5	98.3	0.6
1999	96.6	−1.4	98.0	−0.3
2000	96.6	0.0	97.3	−0.7
2001	94.4	−2.3	96.7	−0.7
2002	92.5	−2.0	95.8	−0.9
2003	91.6	−1.0	95.5	−0.3
2004	92.8	1.3	95.5	0.0
2005	94.3	1.6	95.2	−0.3
2006	96.4	2.2	95.5	0.3
2007	98.1	1.8	95.5	0.0
2008	102.6	4.6	96.8	1.4
2009	97.2	−5.3	95.5	−1.4
2010	97.1	−0.1	94.8	−0.7
2011	98.5	1.4	94.5	−0.3
2012	97.7	−0.8	94.5	0.0
2013	98.9	1.2	94.9	0.4
2014	102.1	3.2	97.5	2.7
2015	99.7	−2.4	98.2	0.8
2016	96.2	−3.5	98.1	−0.1
2017	98.4	2.3	98.6	0.5
2018	101.0	2.6	99.5	1.0
2019	101.2	0.2	100.0	0.5
2020	100.0	−1.2	100.0	0.0
2021	104.6	4.6	99.8	−0.2
2022	114.9	9.8	102.3	2.5
2023	119.6	4.1	105.6	3.2

【図版２－9】物価

	物価等			
	国内企業物価指数		消費者物価指数	
暦年	2020 年＝ 100	前年比	2020 年＝ 100	前年比
1955	－	－	16.5	-1.1
1956	－	－	16.6	0.3
1957	－	－	17.1	3.1
1958	－	－	17.0	-0.4
1959	－	－	17.2	1.0
1960	48.0	－	17.9	3.6
1961	48.5	1.0	18.9	5.3
1962	47.7	-1.6	20.1	6.8
1963	48.4	1.5	21.6	7.6
1964	48.5	0.2	22.5	3.9
1965	49.0	1.0	23.9	6.6
1966	50.1	2.2	25.1	5.1
1967	51.5	2.8	26.1	4.0
1968	52.0	1.0	27.6	5.3
1969	52.9	1.7	29.0	5.2
1970	54.7	3.4	30.9	7.7
1971	54.2	-0.9	32.9	6.3
1972	55.1	1.7	34.5	4.9
1973	63.8	15.8	38.6	11.7
1974	81.4	27.6	47.5	23.2
1975	83.6	2.7	53.1	11.7
1976	88.3	5.6	58.1	9.4
1977	91.2	3.3	62.8	8.1
1978	90.7	-0.5	65.5	4.2
1979	95.3	5.1	67.9	3.7
1980	109.6	15.0	73.2	7.7
1981	111.1	1.4	76.7	4.9
1982	111.6	0.5	78.9	2.8
1983	110.9	-0.6	80.3	1.9
1984	111.0	0.1	82.2	2.3
1985	110.2	-0.7	83.8	2.0
1986	105.0	-4.7	84.3	0.6
1987	101.7	-3.1	84.4	0.1

【図版２－10】消費者物価指数（前年比）と完全失業率を並べたリスト

暦年	消費者物価指数（前年比）	完全失業率
1957	3.1	1.9
1958	-0.4	2.1
1959	1.0	2.2
1960	3.6	1.7
1961	5.3	1.4
1962	6.8	1.3
1963	7.6	1.3
1964	3.9	1.1
1965	6.6	1.2
1966	5.1	1.3
1967	4.0	1.3
1968	5.3	1.2
1969	5.2	1.1
1970	7.7	1.1
1971	6.3	1.2
1972	4.9	1.4
1973	11.7	1.3
1974	23.2	1.4
1975	11.7	1.9
1976	9.4	2.0
1977	8.1	2.0
1978	4.2	2.2
1979	3.7	2.1
1980	7.7	2.0
1981	4.9	2.2
1982	2.8	2.4
1983	1.9	2.6
1984	2.3	2.7
1985	2.0	2.6
1986	0.6	2.8
1987	0.1	2.8
1988	0.7	2.5
1989	2.3	2.3
1990	3.1	2.1

暦年	消費者物価指数（前年比）	完全失業率
1991	3.3	2.1
1992	1.6	2.2
1993	1.3	2.5
1994	0.7	2.9
1995	-0.1	3.2
1996	0.1	3.4
1997	1.8	3.4
1998	0.6	4.1
1999	-0.3	4.7
2000	-0.7	4.7
2001	-0.7	5.0
2002	-0.9	5.4
2003	-0.3	5.3
2004	0.0	4.7
2005	-0.3	4.4
2006	0.3	4.1
2007	0.0	3.9
2008	1.4	4.0
2009	-1.4	5.1
2010	-0.7	5.1
2011	-0.3	4.6
2012	0.0	4.3
2013	0.4	4.0
2014	2.7	3.6
2015	0.8	3.4
2016	-0.1	3.1
2017	0.5	2.8
2018	1.0	2.4
2019	0.5	2.4
2020	0.0	2.8
2021	-0.2	2.8
2022	2.5	2.6
2023	3.2	2.6

【図版2－11】消費者物価指数(前年比)と完全失業率の散布図

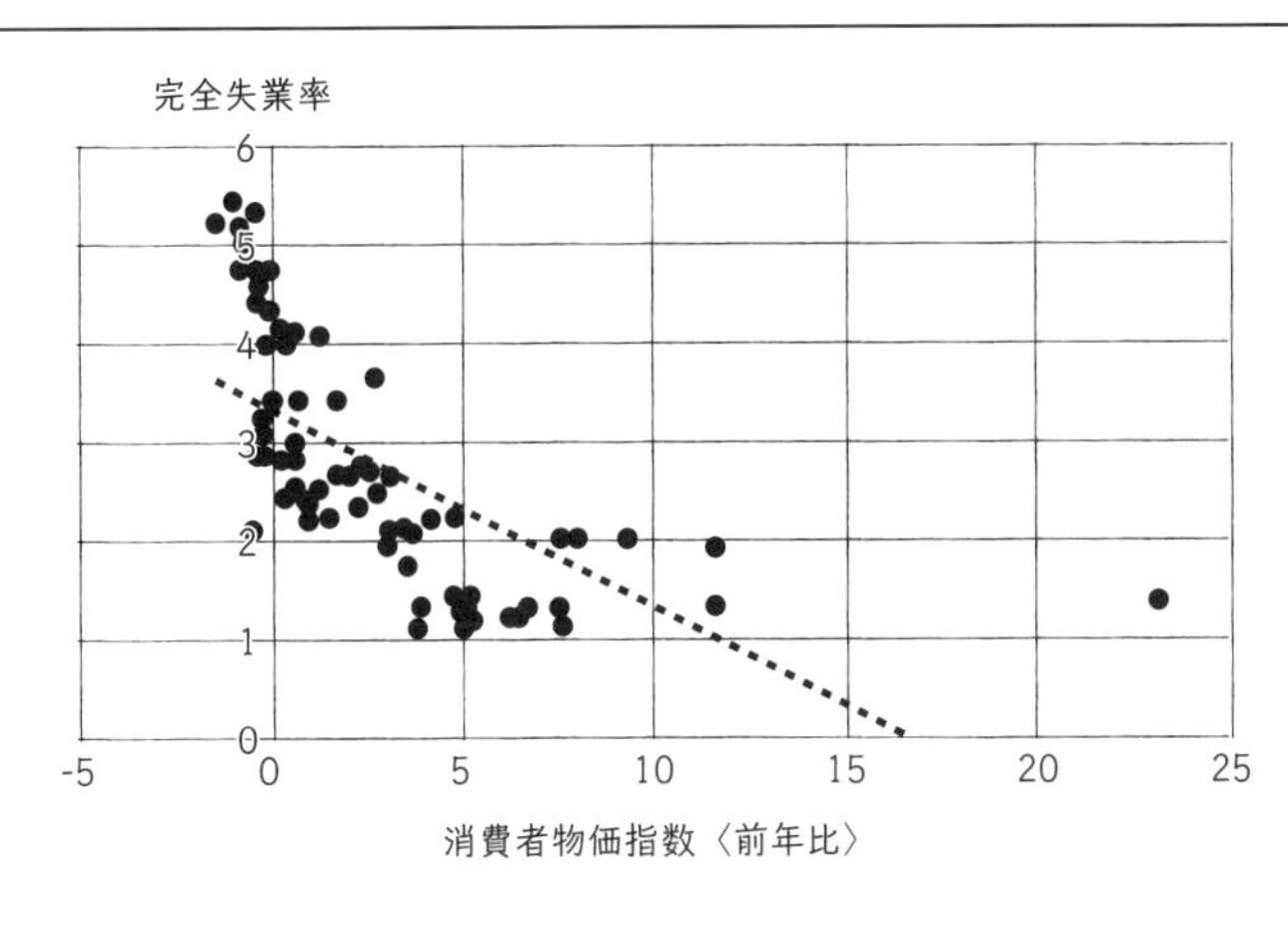

失業率は「ゼロ」にはならない

ここまで失業率について言及した際、私が「極限まで」「最低限」などといってきたことに気づいていただろうか。

気づいた人は「なぜ、『ゼロ』といわないんだ?」と訝しく思っていただろうが、もちろん理由がある。

失業率は、いくら下がっても限度がある。つまり失業率は「ゼロ」にはならない。

この現象に関連するモノとして「NAIRU」を取り上げよう（【図版2－14】／95ページ）。

【図版２－12】1990年以降の消費者物価指数（前年比）と完全失業率を並べたリスト

暦年	消費者物価指数（前年比）	完全失業率
1990	3.1	2.1
1991	3.3	2.1
1992	1.6	2.2
1993	1.3	2.5
1994	0.7	2.9
1995	-0.1	3.2
1996	0.1	3.4
1997	1.8	3.4
1998	0.6	4.1
1999	-0.3	4.7
2000	-0.7	4.7
2001	-0.7	5.0
2002	-0.9	5.4
2003	-0.3	5.3
2004	0.0	4.7
2005	-0.3	4.4
2006	0.3	4.1
2007	0.0	3.9
2008	1.4	4.0
2009	-1.4	5.1
2010	-0.7	5.1
2011	-0.3	4.6
2012	0.0	4.3
2013	0.4	4.0
2014	2.7	3.6
2015	0.8	3.4
2016	-0.1	3.1
2017	0.5	2.8
2018	1.0	2.4
2019	0.5	2.4
2020	0.0	2.8
2021	-0.2	2.8
2022	2.5	2.6
2023	3.2	2.6

【図版2－13】1990年以降の消費者物価指数（前年比）と完全失業率の散布図

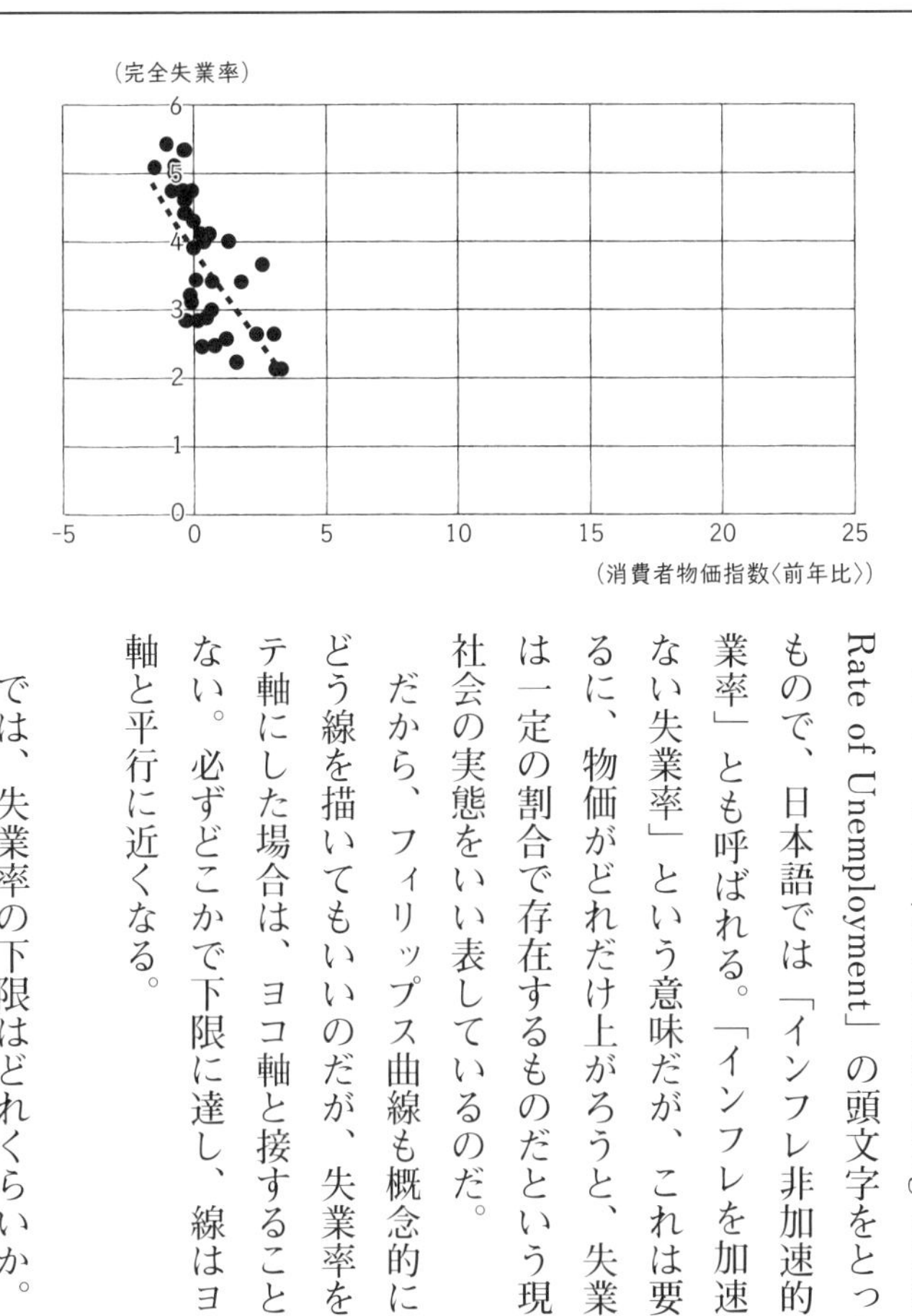

NAIRUは「Non-Accelerating Inflation Rate of Unemployment」の頭文字をとったもので、日本語では「インフレ非加速的失業率」とも呼ばれる。「インフレを加速しない失業率」という意味だが、これは要するに、物価がどれだけ上がろうと、失業者は一定の割合で存在するものだという現実社会の実態をいい表しているのだ。

だから、フィリップス曲線も概念的にはどう線を描いてもいいのだが、失業率をタテ軸にした場合は、ヨコ軸と接することはない。必ずどこかで下限に達し、線はヨコ軸と平行に近くなる。

では、失業率の下限はどれくらいか。

【図版２－10】（90ページ）を見てもわかるように、戦後から高度経済成長期にかけて、失業率はかなり低かったが、これは特殊な時代に限ったことだ。私の見立てでは、日本の失業率の下限は２％半ばくらいである。

フィリップス曲線に加えて、このＮＡＩＲＵの視点も持ち合わせていると、たとえば経済政策を評価する際に役立つ。

すでに説明したように、失業率と物価には負の相関がある。そして失業率には下限がある。となれば、失業率が下限に達するとき、物価上昇率はどれくらいであればいいかも推計できる。**経済政策では、よく「インフレ目標」が掲げられる。そのインフレ目標がまさに、「失業率が下限に達するときの物価上昇率の推計値」**なのだ。

日銀はこれまで「インフレ目標２％」という数字を掲げてきた。もちろん適当に決められたわけではない。**物価が2％以上に上がれば、失業率は2％半ば程度の下限に達するという根拠がある。**

つまり、**インフレ目標2％というのは、失業者を極限まで減らすという国の責任を果たすための目標値**というわけだ。

これで、もう「失業率が下がったといってもゼロではないから、ダメだ」などとバ

【図版2－14】NAIRU（インフレ非加速的失業率）

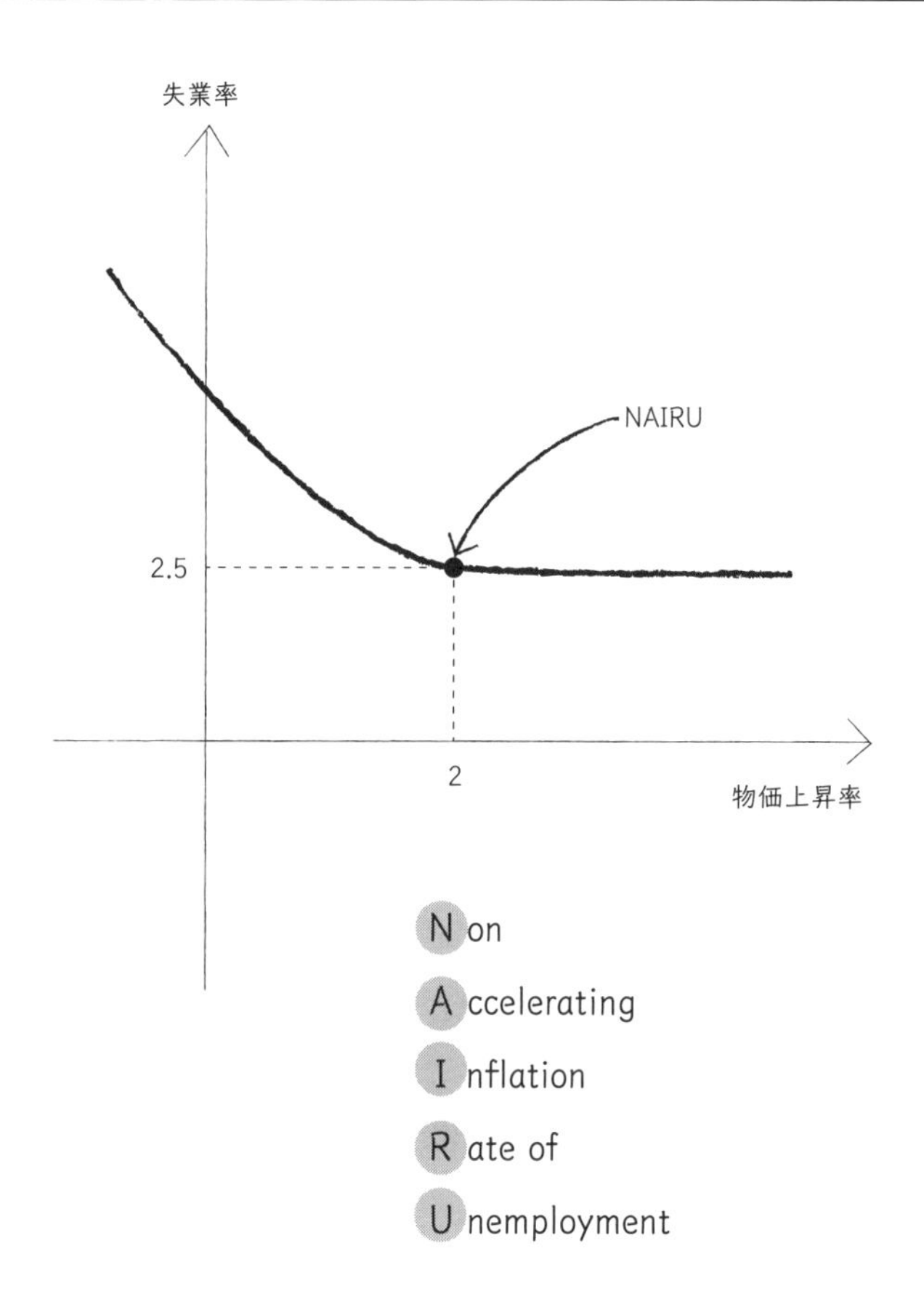

カなことはいわずに済み、ある程度、経済政策を正当に評価できるだろう。

最新のデータ（総務省）を調べてみたところ、日本の完全失業率は、２０２４年９月の時点で２・４％だ。１９９１年のバブル崩壊の後から上昇し、８〜９年ほど前までは３〜５％が続いていたことを見れば、かなり上出来といっていいのが、データからも見て取れる。

経済はこの因果関係と順序で回っている

オークンの法則は経済成長率と失業率の相関性、フィリップス曲線は物価上昇率と失業率の相関性を示したものだ。経済成長率と物価上昇率は、両方とも失業率と負の相関関係にある。

これらのことがわかると、オークンの法則とフィリップス曲線は関係していると考えたくなるだろう。それで正解なのだが、どう関係しているのかというと、少し説明が必要だ。

【図版２−15】を見てほしい。経済の初歩ともいえる「需要と供給」の図だ。

【図版２－15】総需要と総供給、GDPギャップ

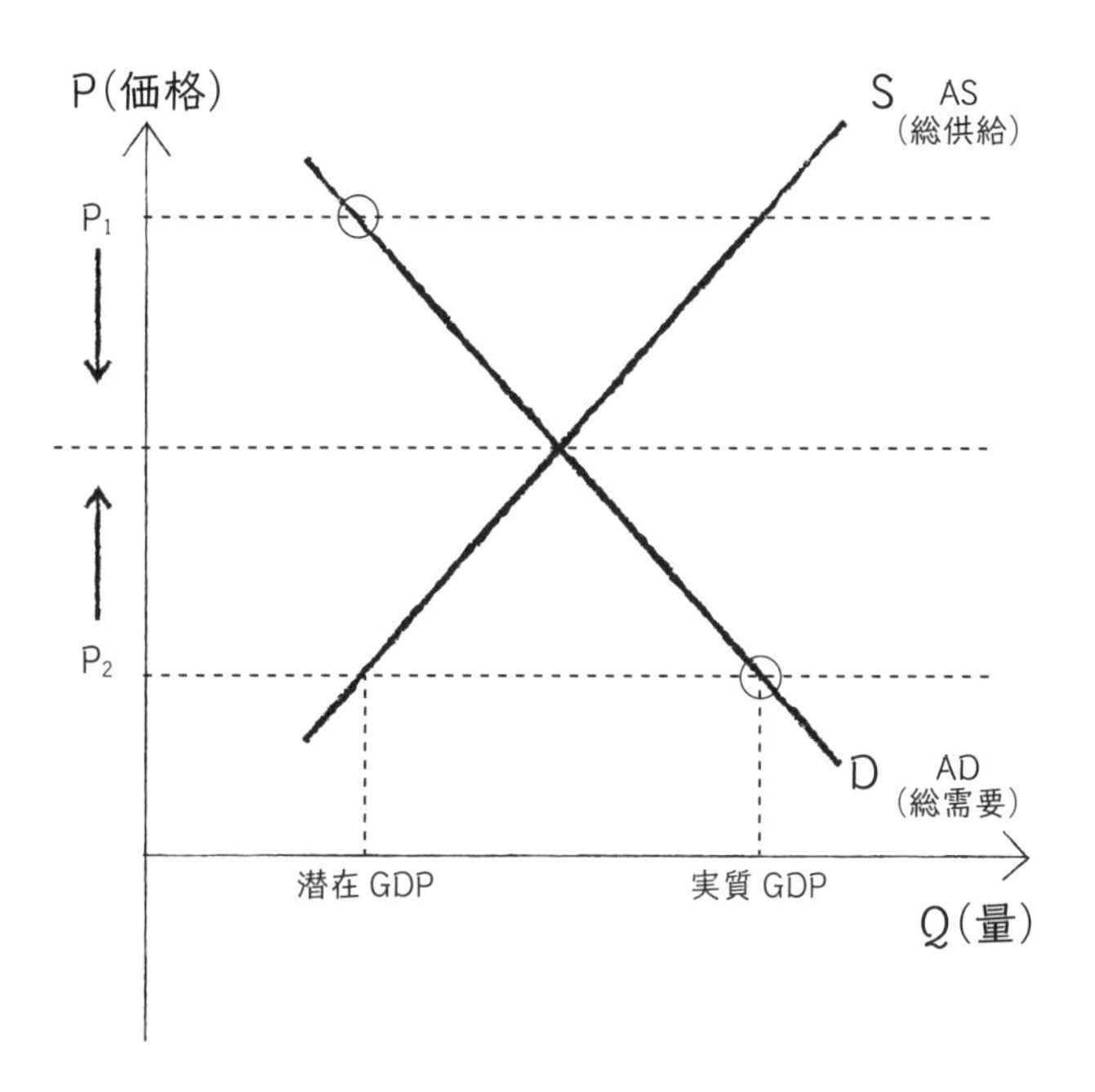

● $\dfrac{\text{実質GDP}-\text{潜在GDP}}{\text{潜在GDP}}=\text{GDPギャップ}$

ヨコ軸は量（Q）、タテ軸は価格（P）であり、右下がりの需要線（D）と右上がりの供給線（S）が交わるところで価格が決まる、ということを示している。

需要と供給は、市場で取引されるすべてのモノやサービスに当てはまる。あらかじめ値段が据え置きのもの（書籍や新聞はその代表だ）を除いて、あるモノやサービスが、ものすごく人気がある（需要がある）場合は価格が上がるし、不人気な場合は価格が下がる。

ここで視点をマクロに広げてみよう。一つひとつのモノやサービスではなく、世の中の需要量をすべて足し算したものを「総需要」、世の中の供給量をすべて足し算したものを「総供給」と呼ぶ。

総供給は、国内の労働力や製造設備などから推計され、実際の総需要量にかかわらず「国全体でこれくらいは供給できる」という国内総生産（GDP）のポテンシャルを示す。そのことから、総供給は「潜在GDP」とも呼ばれる。

一方、総需要とは「実際に合計どれくらい需要されたか」ということだが、これは「実質GDP」を指す。

ある人が、あるモノやサービスに払ったお金は、そのモノやサービスを供給した企業に入り、労働者の給料となる。その企業が諸経費として外注業者などに払ったお金も、やはりその外注業者の労働者の給料になる。

このように、誰かが払ったお金は、必ずどこかで、別の誰かの給料になっている。これが社会全体で起こっているわけだから、総需要とは、需要者が支払ったお金の総額であると同時に、供給者が受け取ったお金の総額なのだ。つまり**総需要とは、実際に需要され、実際に供給されたという実質的なGDPであり、すなわち国の経済力を指す。**

今まで当然のように説明してきたが、実質GDPの前年比が経済成長率を指すのは、こういうわけだ。

GDPギャップを介して考えると、すっきり理解できる

ここで登場するのが、「GDPギャップ」という概念だ。実質GDPから潜在GDPを引いた値を潜在GDPで割った値である。実質GDPが大きければ大きいほど、

ＧＤＰギャップは大きくなる。

仮に、１００だけ供給できるポテンシャルがあるとして、実際には10しか需要されていないとしよう。ＧＤＰギャップは、実質ＧＤＰ10から潜在ＧＤＰ１００を引いて１００で割った値だから、マイナス０・９だ。この場合、10だけ供給すれば事足りてしまうわけだから、90の供給ポテンシャルは生かされないまま、労働者が余ることになる。また、需要に対して供給過剰となるため、需要と供給のバランスから物価は下がる。

逆に、１００の供給ポテンシャルに対して、90の需要があったとしたら、どうなるか。ＧＤＰギャップは、90から１００を引いて１００で割った値だからマイナス０・１だ。１００のポテンシャルに対して90の需要があるということは、ほぼポテンシャル目一杯に供給しなくては需要に応えられない。となれば当然、労働者はほぼフル稼働だ。先ほどのＧＤＰギャップがマイナス０・９のケースより失業率は低くなり、さらに需要と供給のバランスから物価は上がる。

まとめると、【図版２－16】のようになる。

【図版２－16】GDPギャップ

・ＧＤＰギャップの値が大きくなると失業率は下がり、物価は上がる

・ＧＤＰギャップの値が小さくなると失業率は上がり、物価は下がる

・ＧＤＰギャップは（実質ＧＤＰ－潜在ＧＤＰ）÷潜在ＧＤＰだから、実質ＧＤＰが大きいときにＧＤＰギャップの値は大きくなり、実質ＧＤＰが小さいときにＧＤＰギャップの値は小さくなる

先ほども説明したが、ＧＤＰとは国の経済力を示すものであり、ＧＤＰの前年比が経済成長率だ。したがって、さらにまとめると、【図版２－17】（103ページ）のようになる。

もうおわかりだろうか。ＧＤＰギャップを介して考えると、実質ＧＤＰ、物価、失業率の関係性がすっきり整理できるのだ。

オークンの法則は経済成長率と失業率、フィリップス曲線は物価上昇率と失業率と、二つの相関性しか説明していない。両者はとても似ているから、きっと関係しているに違いないという感覚は当たっている。だが、感覚だけではロジカルとはいえない。

そこでGDPギャップを踏まえれば、二つの別個の理論を整合的に説明できるのである。

実質GDPが上がると、失業率は下がり、物価が上がる。このメカニズムに、もっとも敏感なのは市場だ。たとえば、経済成長を促す金融緩和（152ページ）や財政出動（158ページ）のような経済政策を日銀や政府が打ち出すと、真っ先に影響が現れるのは株価である。金融緩和や財政出動によって実質GDPが上がれば、物価が上がって失業率が下がる。これは、企業のビジネス活動が盛んになって、株価が上がることも意味する。

企業が盛んにビジネスを行って業績を上げれば、株式投資も盛んになる。

株の価格も需要と供給の市場原理で決定されるから、株を買いたい人が増えれば、株の価格は上がる。株価が上がる前に投資しておけば、株価が上がった際に利ざやを儲けられる。それを先読みした投資家が、積極的に投資を行うから、経済成長を促すような政策が打たれると、割と即座に市場が反応して、まず株価が上がる。

その後に、実際に実質GDPが上がり、失業率が下がり、名目賃金が上がり、物価

【図版２－17】実質GDPとGDPギャップ

・実質ＧＤＰアップ（経済成長率アップ）
＝ＧＤＰギャップの値は大きくなる
＝失業率ダウン＆物価アップ

・実質ＧＤＰダウン（経済成長率ダウン）
＝ＧＤＰギャップの値は小さくなる
＝失業率アップ＆物価ダウン

が上がり、実質賃金が上がる――という流れになる（77ページ）。

ちなみに為替でも似たようなことが起こる。

詳しくは後述するが、日本の経済成長に海外の投資家が期待を寄せれば、日本に資金が集まる。円の人気は相対的に上がることになり、やはり需要と供給の市場原理から、円高になる。

ただし、専門家でも勘違いしている人が多いのだが、実質ＧＤＰ、物価、失業率、株価、為替の中には、因果関係で結ばれているものと、そうでないものがある。

実質ＧＤＰが上がると、物価が上がって失業率が下がる、というのは因果関係だ。だが、株価や為替が動くのは単なる市場の反応であって、因果関係とはいえない。

いうなれば、市場は「未来」を先取りして動く。経済政策など、何かしら経済に影響を及ぼす可能性が高い要素が生じると、単なる「順序」として、まず真っ先に株価や為替が変動しやすいという話に過ぎない。

ただ流れを丸暗記するだけでは、こういう話を混同しやすい。

それに丸暗記は、意味のない数字の羅列を覚えるのと同じだから、あとから「あれ、どういう順序だっけ?」となりやすい。これでは本当の知識とはいえない。そして、財務省の罠にひっかかりやすくなる。

でも、「オークンの法則」「フィリップス曲線」「GDPギャップ」を理解していれば、経済成長率と失業率と物価の三つ巴の関係性を、因果関係としてロジカルに説明できる。

そのうえで、株価や為替の変動については、単に経済政策などに市場が反応した結果として、切り離して考えられるのだ。

賃金の上げ過ぎは失業率UPのもとになる

企業経営者だったらわかると思うのだが、賃金を上げ過ぎると雇用は難しくなる。今まで、フィリップス曲線は、「物価と失業率の相関性」を示すと述べてきたが、じつはフィリップス曲線はもともと、失業率と賃金の上昇率のことを指していた。つまり、フィリップス曲線を応用すると、最低賃金をどの程度まで上げたら労使共に満足できるかということが、ある程度推計できる。

早速、失業率と賃金の上昇率のフィリップス曲線を見てみよう（【図2－18】／106ページ）。傾向線にだいたい沿っていればいいが、まったくはずれてしまっていると、これはちょっとやりすぎだったという話になる。

そういう視点で見ると、2010年の民主党政権のときは、失業率が前の年に飛び抜けて高かったにもかかわらず、賃金を上げ過ぎてしまっていることがよくわかる。

【図版２－18】最低賃金上昇率と前年失業率

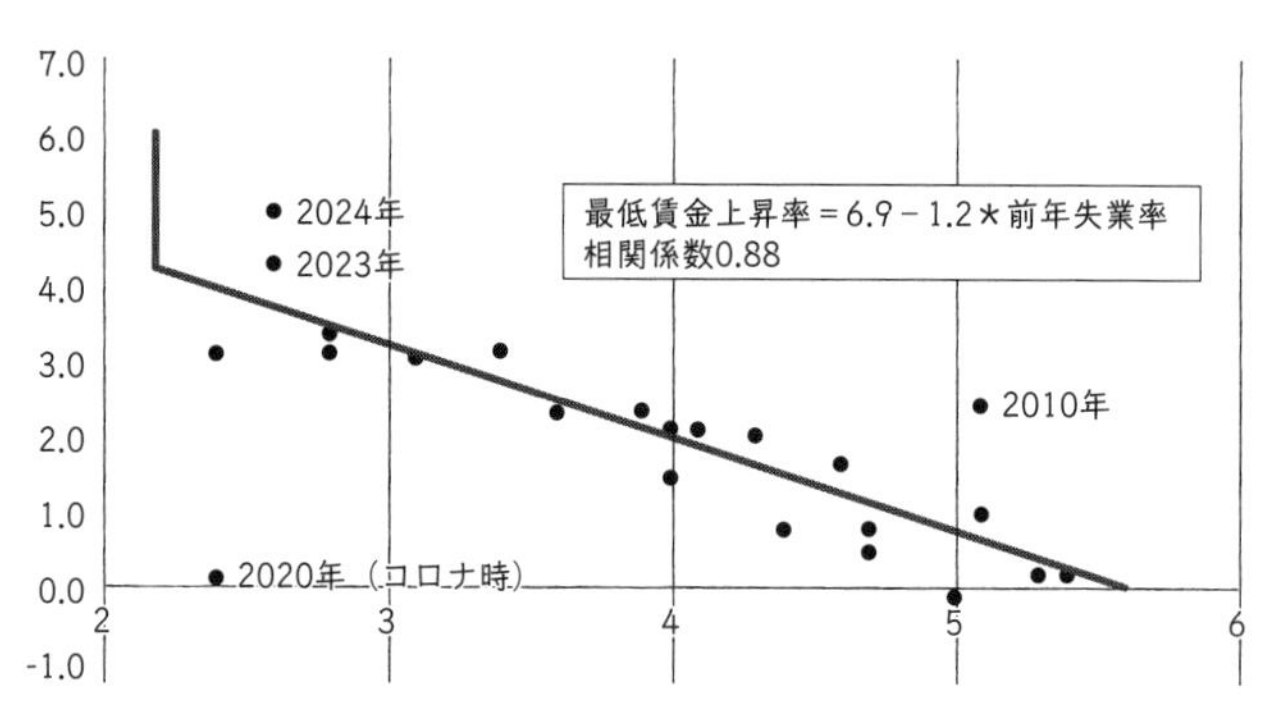

（資料）厚労省、総務省、傾向線は2001～2022年、ただしコロナ禍の2020年を除く

そうなると、次の年には必ずしっぺ返しが来て「これは参った」という話になり、雇用が維持できなくなってしまうのだ。

【図２－19】はフィリップス曲線を応用した、私オリジナルの算式だ。６・９から前の年の失業率に１・２をかけたものを引くと、どれくらい賃金を上げるのが妥当なのかがわかるものである。

２０２３年の失業率は２・６。そこに１・２をかけると約３・１。６・９から引くと３・８なので４％ぐらいが妥当といえるが、２０２３年の賃上げ要求は５％ぐらいだった。ちょっと、やりすぎではないかというのが私の答えである。

【図版２－19】フィリップス曲線を応用した算式

6.9－前年の失業率×1.2

↓

2.6×1.2＝3.12

6.9－3.12≒3.8　約４％

実は２０２２年も４％上げており、そこもちょっとやりすぎていた。ただ、コロナ禍のときに、全然賃金をあげられなかったので、その分の調整と考えればギリギリＯＫといえる。２０２３年は前年に続いてまたやってしまったということで、ちょっとこれは苦しいかなという評価になり、そうすると２０２５年あたり、雇用がよくなくなる確率が高くなる。

大企業だったら、５％ぐらいの最低賃金の引き上げは払えないわけではないが、中小企業で特に儲かってない場合は苦しい。もちろん払えないと雇用しなくなる。というか、したくてもできない。当然雇用は悪化するわけだ。

これが４％ぐらいだと払える企業が多くなるが、５％だと「えっ！」という感じになってしまう。たかだか１％の違いだと思うかもしれないが、そこが将来的にも大きな差となるのだ。私がもし政策顧問だったら、「これがギリギりですね」といって、4％を進言しただろう。

労働者が一方的に有利になったり不利になったり、企業が一方的に有利になったり不利になったりしないために、【図2―19】（107ページ）の算式（6・9―毎年の失業率×1・2）はある。

その公平性こそが、失業率上昇を防ぐことになり、ひいては国民の生活を守ることにつながっていくのである。

ちなみに、ほとんどの政策では海外の例を参考にしたりするが、賃金に限っていえば、それぞれの国によって雇用状況は異なるため、海外の話をもってきても有益な話にはなりにくい。

なお、ここで出した算式は、ほとんど物価が上がらないときに適用できるモノなので、2024年のように物価が上がりだしたときには、そのまま使えないことも指摘しておく。フィリップス曲線を完全に理解していれば、物価が上がるときに最低賃金がどの程度まで許容できるかは計算できるが、読者の研究課題としておこう。

答えを知りたい人は私のYouTube（『髙橋洋一チャンネル』）をぜひ見てほしい。

3章

日本をわざと
経済成長させない
財務省

二つの呪縛が日本の経済成長を止めている

「オークンの法則」「フィリップス曲線」「GDPギャップ」を理解し、経済成長率と失業率と物価の三つ巴の関係性を、因果関係としてロジカルに捉えられたところで、日本の名目経済成長率（以下／名目GDP成長率 ※GDPの伸び率のうち、物価変動を考慮に入れずに算出したもの）が大きく成長しなかった理由について、探っていこう。

日本の名目GDP成長率が大きく成長しなかった理由の一つ目として、日本のお金の量が少なかったことが挙げられる。お金の量と名目GDP成長率には関係があり、お金の量を増やすと名目GDP成長率が伸びる傾向がある。

【図版3－1】は、1984年から1993年まで、世界各国がどういうお金の伸び

【図版３－１】世界各国のマネー伸び率（横）と
名目GDP成長率（縦）（1984－1993）

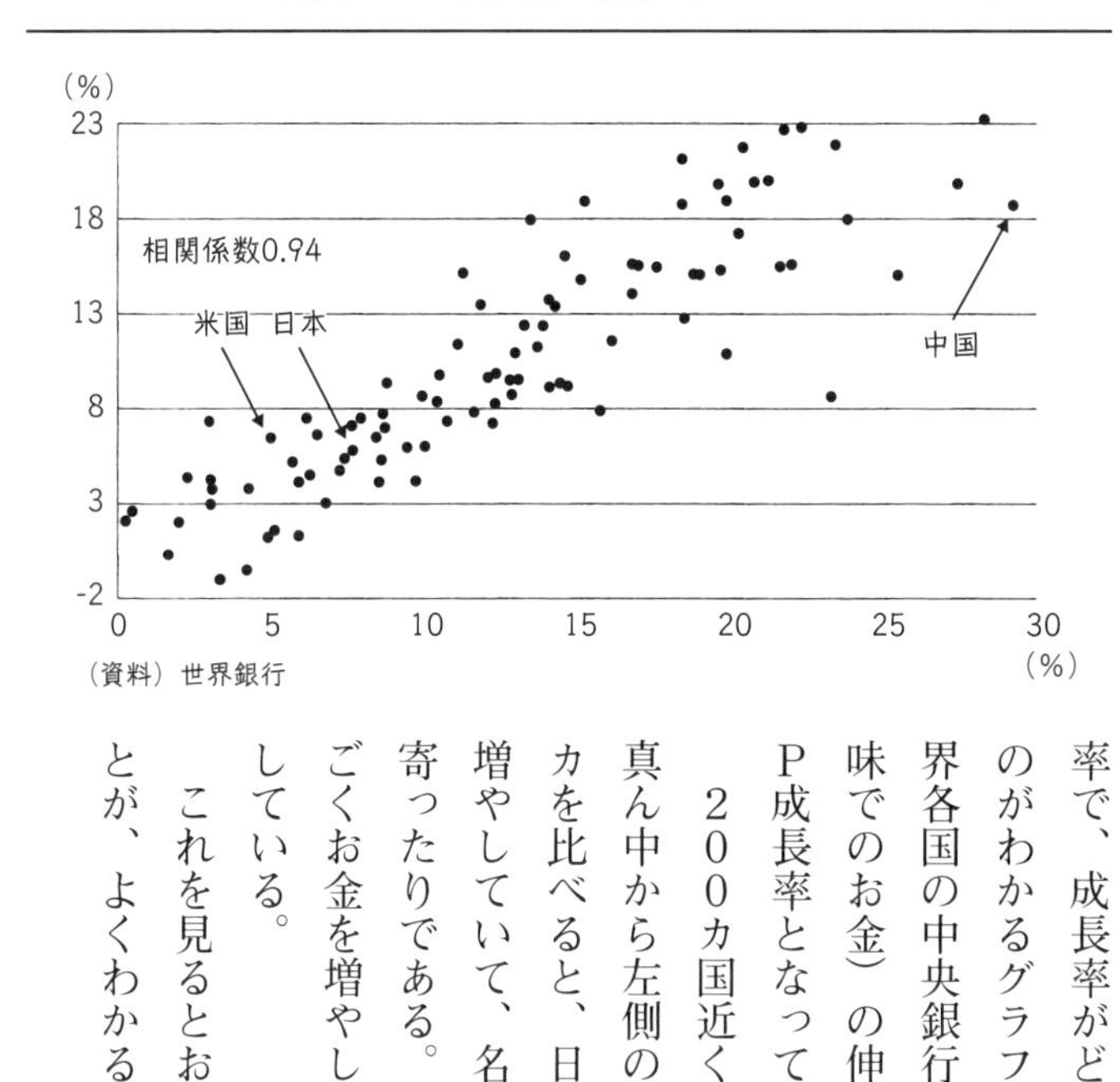

率で、成長率がどのぐらいだったかというのがわかるグラフである。横軸がお金（世界各国の中央銀行が刷るお金など、広い意味でのお金）の伸び率で、縦軸が名目ＧＤＰ成長率となっている。

２００カ国近くある中で、先進国は大体真ん中から左側の方にある。日本とアメリカを比べると、日本の方がお金をちょっと増やしていて、名目ＧＤＰ成長率は似たり寄ったりである。中国は途上国のため、すごくお金を増やし名目ＧＤＰ成長率を伸ばしている。

これを見るとお金の量が重要だということが、よくわかるだろう。

【図版3－2】世界各国のマネー伸び率（横）と
名目GDP成長率（縦）（1994－2013）

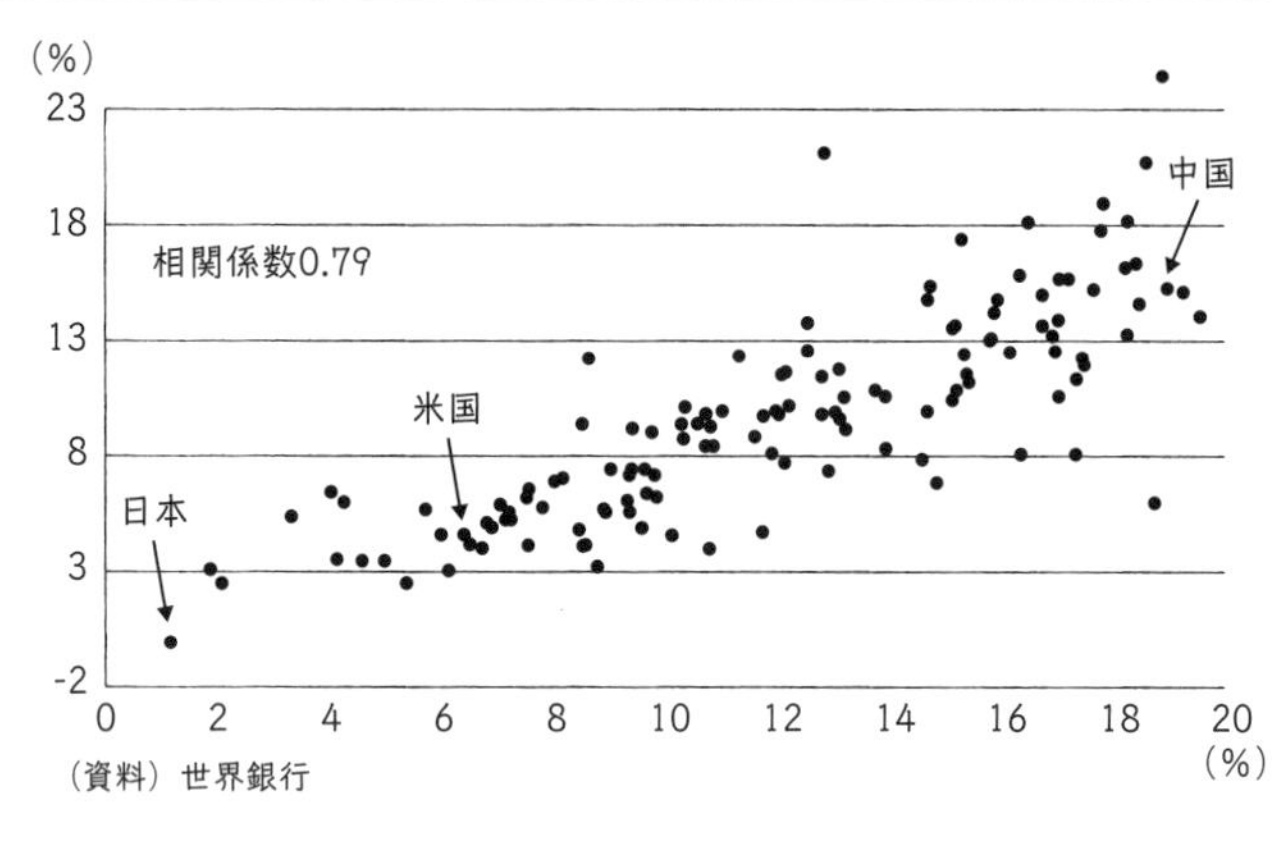

次は、1994年から2013年だ（【図版3－2】）。いわゆる「失われた20年」である。10年ずつ分けてもほとんど同じため、20年分とした。

ここでの日本の位置は、一番左の一番下である。これは世界の中で最もお金の量を増やさなかったということだ。アメリカは普通に増やし、中国はずっとお金を増やし、名目GDP成長率が伸びている。つまり、日本だけお金をぎゅっと縮めてしまったというわけだ。バブル崩壊の後に、あつものに懲りてなますを吹くということで、お金をぎゅっと縮めるのが正しいと思い込んでいて、ずっと続けてしまった。

20年間縮め続け、結果20年間名目GDP

【図版３－3】世界各国のマネー伸び率（横）と
名目 GDP 成長率（縦）（2013 － 2021）

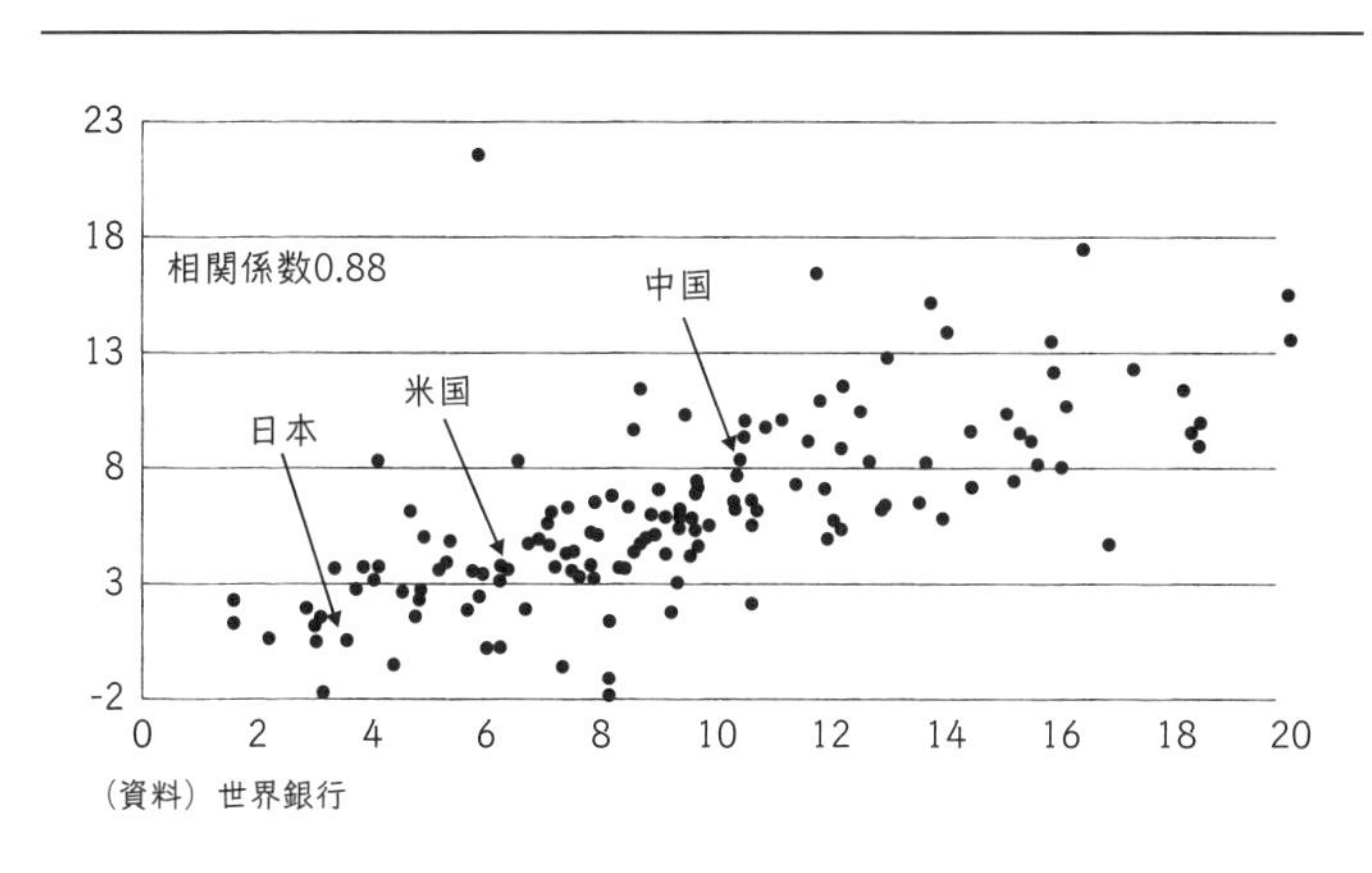

（資料）世界銀行

成長率を伸ばすことができなかったのだ。

【図版３－３】は２０１３年から２０２１年のもので、いわゆるアベノミクスの時代である。

さすがに世界でビリは脱し、ちょっとは良くなったが、まだ道半ばといえる。

当時、アベノミクスの金融緩和（１５２ページ）の一つである、いわゆる黒田バズーカーを何度も打ち、やりすぎと批判を受けたが、それでもこれぐらいにしかならない。もっと継続的に打ってもよかっただろう。グラフを見れば一目瞭然である。

名目ＧＤＰ成長率を伸ばすために、お金

の量を増やすのは基本中の基本なのだ。そのため、アベノミクスでは金融緩和を積極的に行った。せっかくビリから脱していいところまできている。もっともっと伸ばしていくべきではないだろうか。

ところで、私は必ず三つの時代（①1984年～1993年、②1994年～2013年、③2013年～2021年）の変化を出す。この三つの時代で、「①景気が良かった時代」「②景気が悪かった時代」「③ちょっと良くなった時代」のように分けられるからである。こういったお金の話をする際、このような区分は非常に重要なことなのである。

あまりに低すぎた「公共投資」

さて、日銀はお金を刷ることで、お金の量を増やせるが（58ページ）、では、政府は何ができるのだろうか。**政府は政府投資といういわゆる公共投資ができる。**そのときの状況によって決められる公共投資が、あまりにも少なかっ（低すぎ）たというの

【図版３－4】名目公共投資の推移（1991＝100）

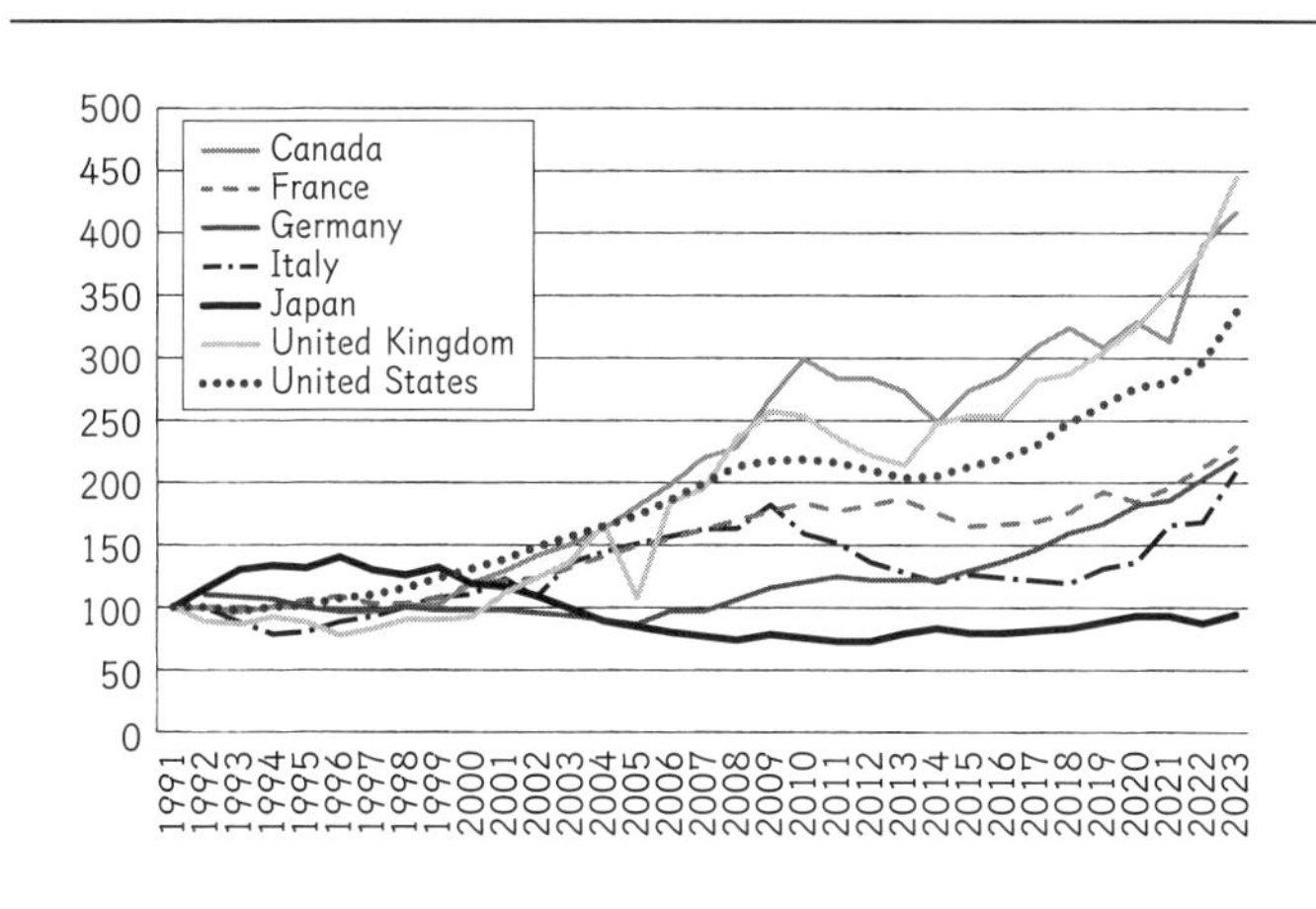

が、もう一つの大きな問題といえる。

それを示したのが、名目公共投資の推移を示した【図版３－４】である。

１９９１年を１００としたときのグラフだが、この━線が日本であり、ほかの線がG７の各国なのだが、他がみんな上がっているにも関わらず、日本だけほとんど横ばいどころか、ちょっと下がっていたのが見てとれる。なんとも情けない話ではあるが、これがまず投資をしていないというファクトである。

公共投資だけ見ても不公平なので、次は民間投資の推移も見てみよう（【図版３－５】／１１６ページ）。

【図版３－５】名目民間設備投資の推移（1991＝100）

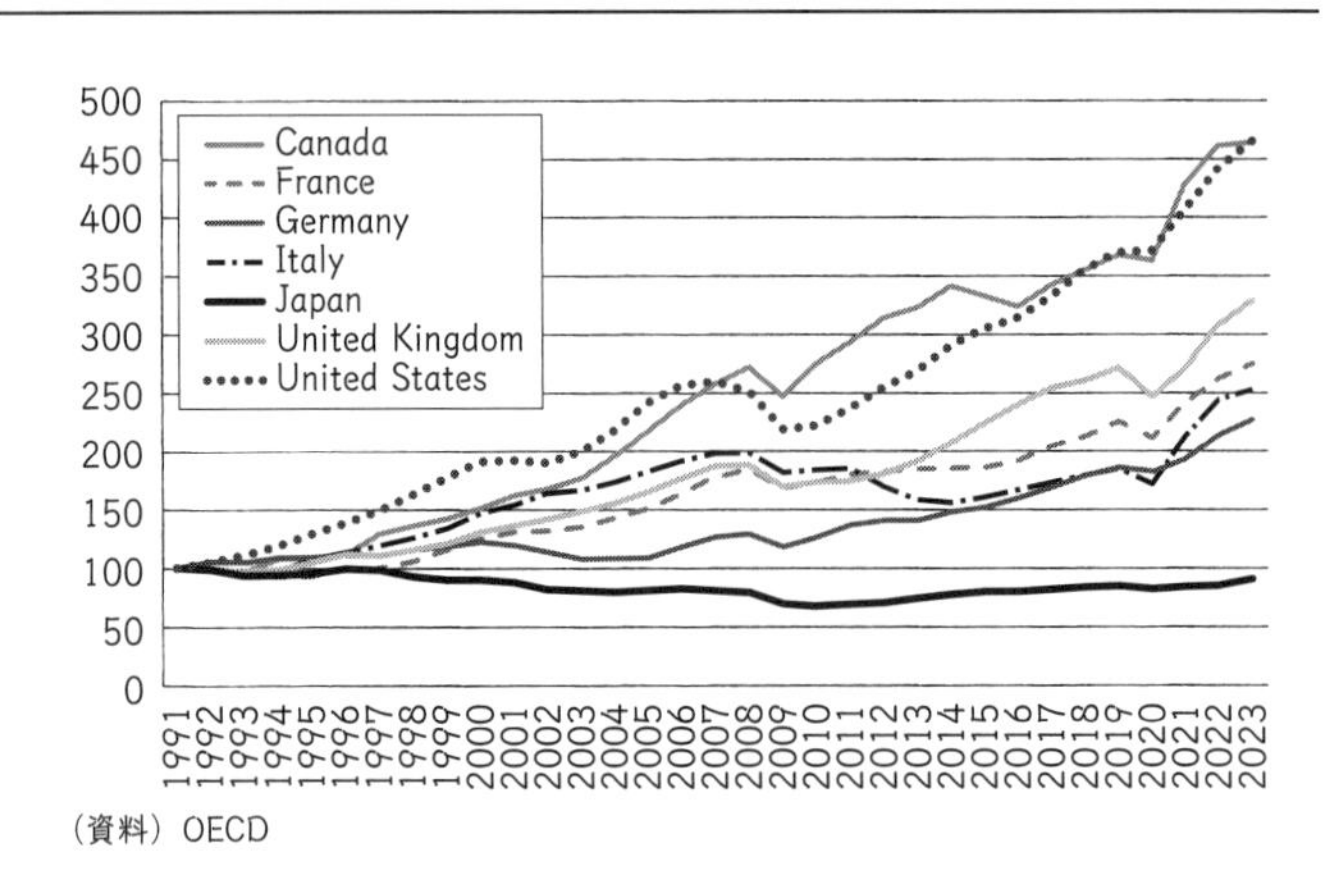

（資料）OECD

━の線が日本であるが、【図版３－４】と似たり寄ったりであり、日本だけ伸びていない。公共投資をすると、民間投資はそれに引っ張られて動くが、公共投資を伸ばせていない。民間投資が抑制されたのは、前述した金融緩和をしなかったというのと、合わせて公共投資をしなかったということになるのだ。その結果を如実に表している。

最後に名目ＧＤＰの推移である（【図版３－６】）。

━線が日本であるが、これまた【図版３－４】（115ページ）そっくりである。

これがそっくりだということは、実は統計的にも説明できる。公共投資との相関係数（【図版３－７】）で、どういう関係である

【図版３－6】名目GDPの推移（1991＝100）

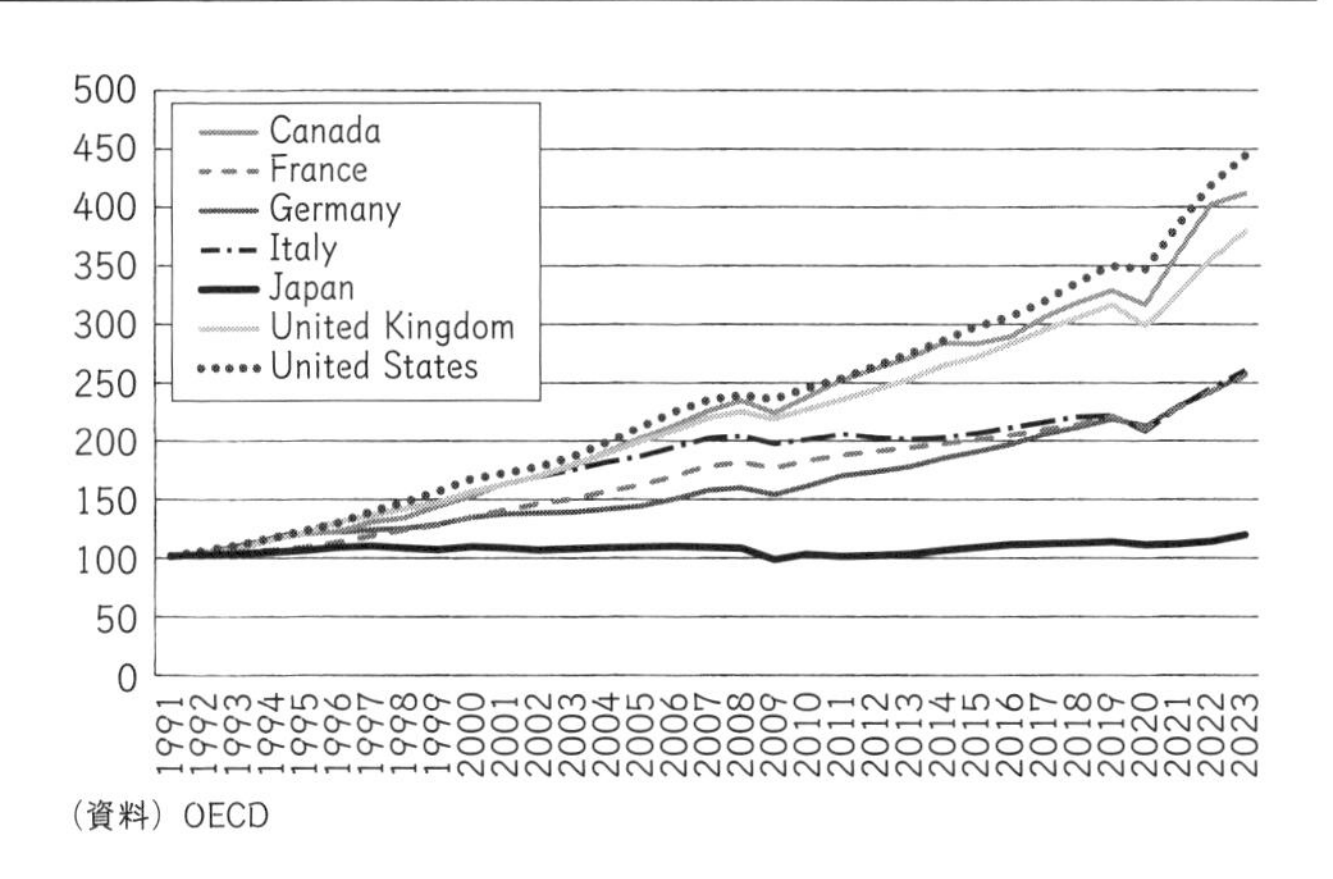

（資料）OECD

【図版３－7】公共投資との相関係数（1991－2023）

	GDP	民間投資
Canada	0.97	0.97
France	0.97	0.99
Germany	0.91	0.97
Italy	0.50	0.91
Japan	▲0.03	0.82
UK	0.96	0.96
US	0.96	0.96

（資料）OECD

かを見ることができるのだ。

民間投資もGDPも政府であまり動かせないが、公共投資は政府で動かすことが可能なのである。

となると公共投資を伸ばせば、それにほぼ連動して民間投資もGDPも伸びるということを意味している。【図版3－7】（117ページ）を見ても、日本だけGDPに対する影響はほぼないことが見て取れるが、これはまったく投資を伸ばしていないということになるのだ。

4％という「高い金利」に阻まれた

さて、2000年の頭のころに、私は財務省から出向して国土交通省（以下／国交省）で課長をしていて、公共投資に携わっていた。

公共投資にはかけたコストよりも便益を大きくするルールがあり、事業の効率性を評価（計算）する際、「社会的割引率」といって時間軸上の価値を補正し、将来の費用（効果又は便益）と現在の費用（効果又は便益）の価値の差を考慮する値――ざっくりいうと、**「政府の中の金利」**のようなものを使っている。

ちょっと理論的に説明すると、金利が高いと将来の便益を割り戻す金利が高いため、便益が低く出る。便益が低くなると、同じコストでも投資が引っ込む。逆に金利が低くなると、将来への便益が現在価値に直したときに高く出るため、投資が出るというメカニズムである。

ただ、メカニズムがよくわからなくても、単に**「金利が低いときには投資が出て（伸び）、金利が高いときには投資が引っ込む（抑えられる）」**と、これだけ覚えておけばいい。

当時の国債の金利が４％だったため、私は社会的割引率を４％として、コストベネフィット分析（Ｂ／Ｃ＝費用便益分析）をやれと進言した。

その後何年もたったが、アベノミクスのときも国債の金利は４％であり、さすがにまずいと金融緩和をどんどんした。その結果、国債金利はぐいーっと下がり、そのおかげで民間投資はちょっと出るようになったが、社会的割引率はその時点の国債の金利に合わせず４％のままだったために、公共投資はまったく出なかったのである。

普通なら国債金利に合わせて、社会的割引率も1％とか0・5％という数字になるのだが、それが4％だったら高すぎて、投資はやれない。

前述したように、投資というのは金利が低かったら伸び、金利が高かったら抑えられる。

つまり、結果的には4％の社会的割引率が、民間投資はもちろん日本経済全体に悪影響を及ぼしたのだ。金融緩和についてはは多少できたが、経済成長についてあまりうまくいかなかったというのは、公共投資が4％の高い金利（社会的割引率）のままだった、というのが原因なのである。

私は20年ほど前に当時の国債金利に合わせて、社会的割引率を4％と決めた張本人でもあるのは先にも述べた。そのため、「当時、高橋が変なことを決めたから」といわれることもある。ただ、金利は毎年見直すもので、その後に国債金利が下がったにもかかわらず、そのまま据え置きにしていたほうが変なのは、誰が見ても明らかなことである。

本来の割引率は期間に応じた市場金利であり、海外では市場金利の変動に応じて、ほぼ毎年見直すのがあたりまえだ。

アベノミクスで公共投資（財政出動／158ページ）を大いに出して、経済成長できればと思ったのだが、財務省の抵抗はものすごいものがあり、詳しくは後述するが、〝インチキ〟プライマリーバランス（※）を見せられて、御用学者（ポチ）を使った戦線を作られ、ダメだダメだといわれ続けた。そこを破るのがとにかく大変で、国債の金利にそろえた社会的割引率までいきつくことができなかった。最後にどうにかたどりついたはずなのに、「やります」といわれたのち、ずっと放っておかれてしまった。

アベノミクスを批判する人はいるが、私の感覚からすると残念だがじつは半分ぐらいしかできていない。財務省の抵抗がとにかくすさまじかったのである。

日本が経済成長できなかった真相は、これだ。

※プライマリーバランス

社会保障や公共事業をはじめ様々な行政サービスを提供するための経費（政策的経費）を、税収等で賄えているかどうかを示す指標

「タラレバ日本」の経済成長は悪くない

日本がもし、デフレがなく公共投資もしっかりやっていたら、どのような結果になったのだろうか。その〝タラレバ〟を加えたのが【図版3－8】である。

デフレがひどかったというのは、データを見ても明らかである（【図版3－9】）。各国物価デフレデータの推移を1990年を1として見ると、これも、横ばいどころか、ちょっとマイナスになっていて、日本だけが全然違っており【図版3－8】と似ている。これが、デフレがひどかったという証拠である。

公共投資が出なかったことはすでに詳しく説明したが、1995年を1とすると、公的資本形成も日本だけが、ちょっとマイナスになっている（【図版3－10】／124ページ）。

【図版３－８】過去30年間でひどかったこと①
各国名目GDPの推移（1990＝1）

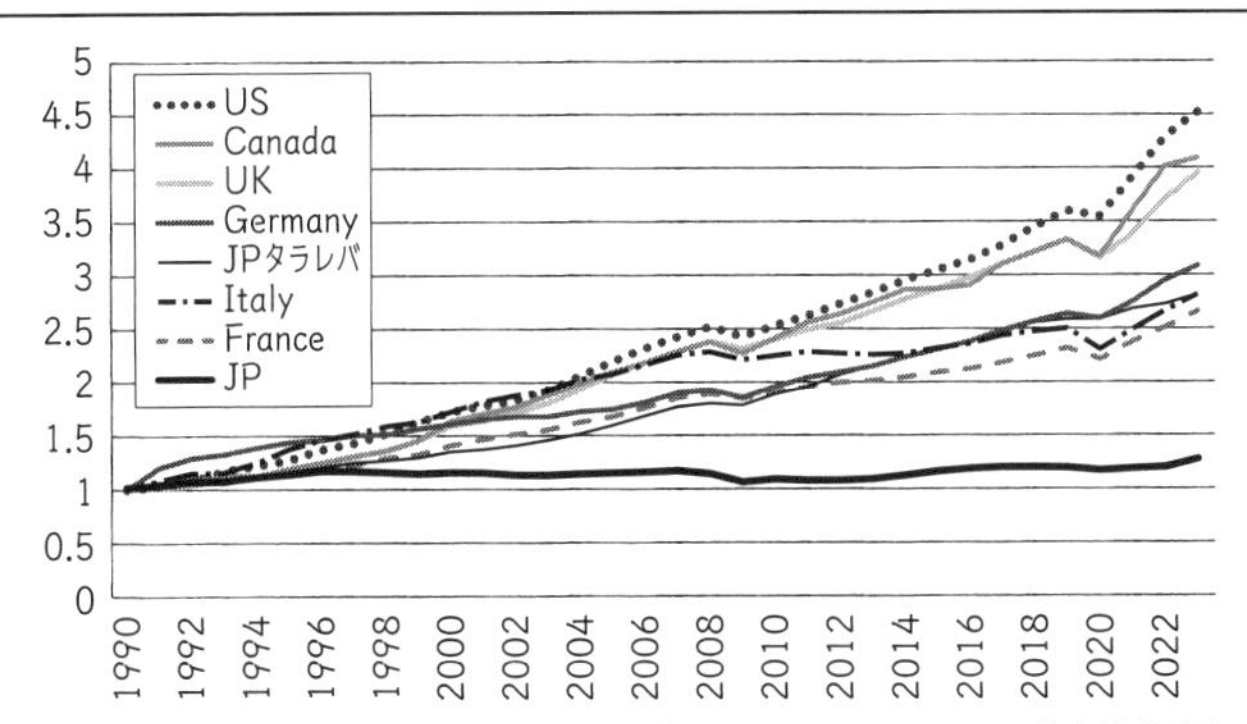

（資料）IMF。ただし、JAPANタラレバはデフレがなくて、まともな社会的割引率であった場合の筆者試算

【図版３－９】過去30年間でひどかったこと②
各国物価（デフレデーター）の推移（1990＝1）

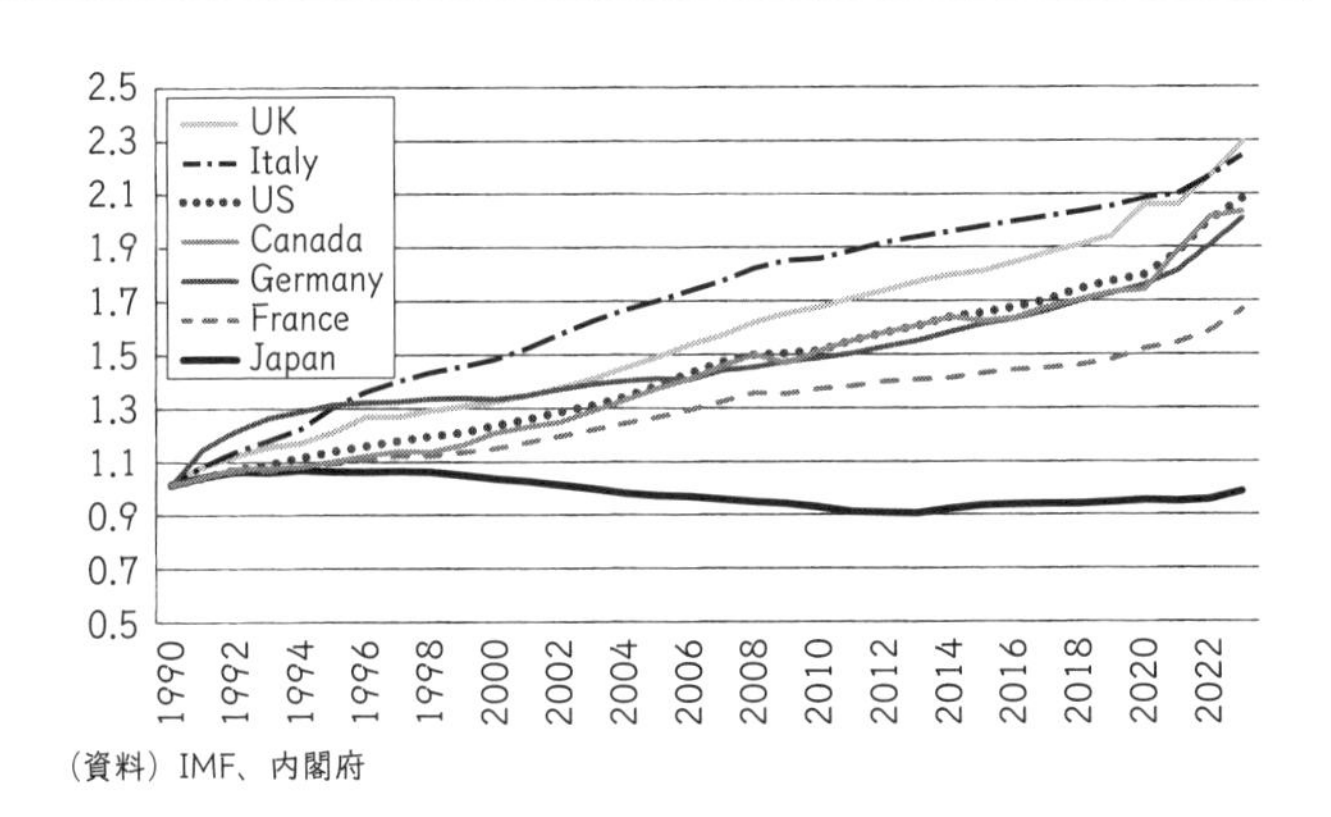

（資料）IMF、内閣府

【図版３－10】過去３０年でひどかったこと③
各国公的資本形成の推移（1995＝1）

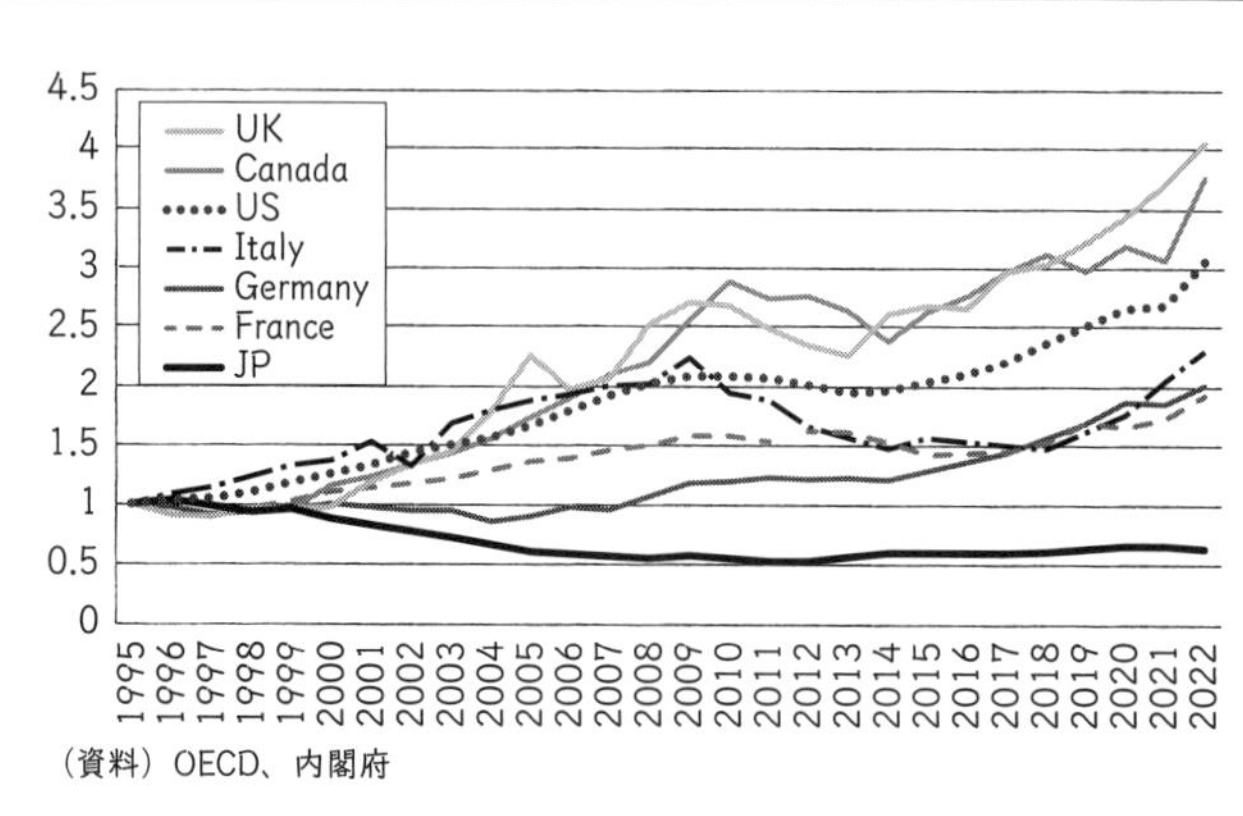

（資料）OECD、内閣府

公共投資が出なかった要因の一つは、先にも述べたように社会的割引率である（118ページ）。

もう一つの要因は、日本の中でプライマリーバランス（121ページ）を黒字化することを目標にして、照準を定めてしまったことにある。そうすることによって、公共投資に回る予算にもタガがはまってしまった。日本の公共投資は社会的割引率というタガと、プライマリーバランスの黒字化というタガの両方で、がんじがらめにしめられてきたので、他のＧ７の国と比べてもこんなに酷くなってしまったのだ。

仮に社会的割引率を下げたところで、プライマリーバランスの黒字化目標というタガがしめられてしまうと、あんまり効果がでない。このように二重にタガをしめられたことによって、経済成長が妨げられたというのが私の認識である。

プライマリーバランスにひそむ罠

この財務省のいうところの「プライマリーバランス」も曲者である。パブリックセクターバランスシートではなく、日本銀行を含まない狭い意味での政府のバランスシートで見ているからだ。

バランスシートのネットの資産（50ページ）が、プライマリーバランスの黒字化・赤字化となる。数学的な話になるため詳しくは割愛するが、ざっくりいうと、プライマリーバランスが黒字化すると、ネットの資産が増えていき財政が健全化するのだ。

ただ、広い意味での政府、民間企業でいうグループ決算まで見ないとダメなのは、先にも述べた通りである。では、グループ決算まで、つまりパブリックセクターバランスシートで見たらどうなのか（【図版3－11】／127ページ）。

Net Worthというのが、ネットの資産のことであり、この推移をG7で見ると日本はG7中2番目にいいことが明らかである。

パブリックセクターバランスシートのプライマリーバランスで見れば、財政の制約はほぼない。あとは社会的割引率さえ直せば、日本は良かった（【図版3－8】／123ページ／日本タラレバ）というのが、何十年も前からの私の主張である。

金利と名目GDP成長率も、プライマリーバランスをどこまで黒字化しなくてはいけないかに関係する。

はっきりいってしまえば、金利が低くて名目GDP成長率が高いときは、ちょっとぐらい赤字でも大丈夫なのだ。金利が低くて成長率が高いことでGDPが伸びる。金利が低いということは、払う金利が少ないから財政的には楽になる。金利と名目GDP成長率の関係によって、本当に黒字化を目指さなくてはいけないかどうかというのは微妙になるのだ。

2005年の小泉政権下で財務省は、当時成長率の方が金利より低いという前提にたって、「金利が高いから、黒字化も普通の黒字化ではダメでGDP比2％ぐらいの黒字にしなくてはいけない」と断定した、論理展開をしたことがある。これは、経済

【図版3－11】Public Sector Balance sheet, Net Worthの推移（対GDP比、%）

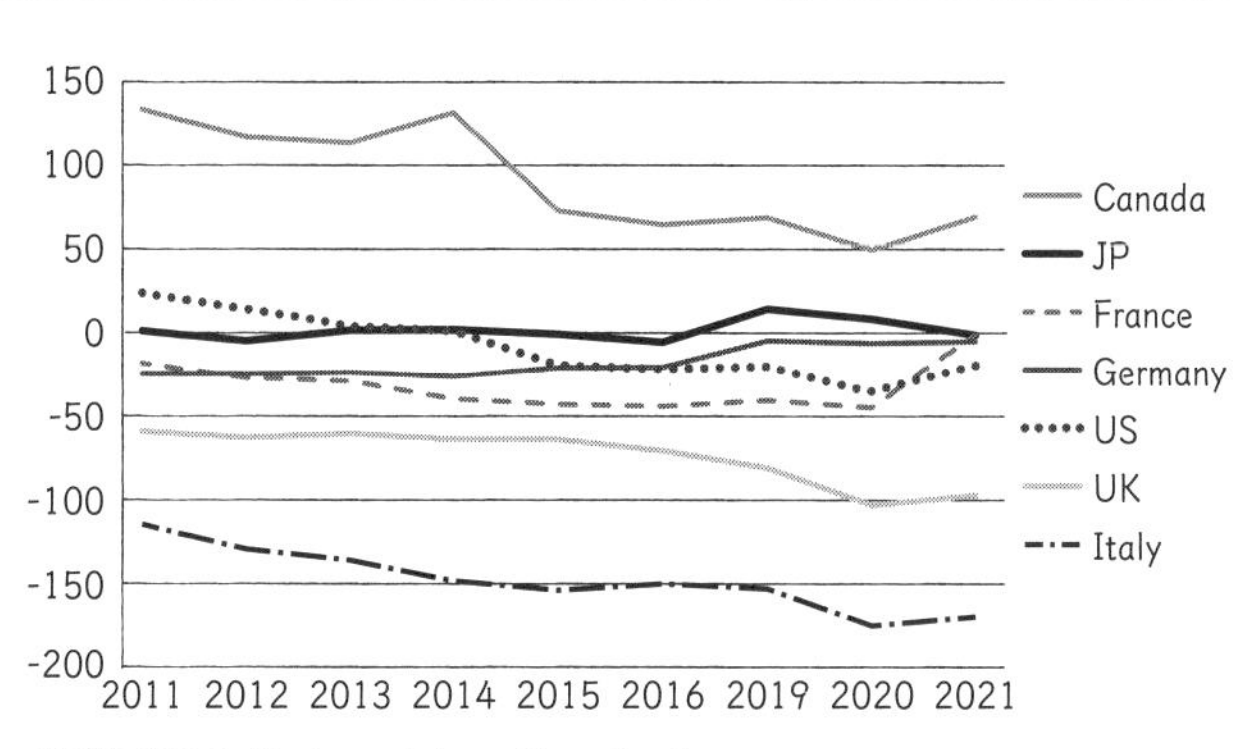

（資料）IMF Public Sector Balance Sheet Database

財政諮問会議における、「金利・成長率論争」として知られている。成長率が低く金利が高かったため、もっと黒字化しないと財政がうまくいかないという話だった。

私は、その財務省の主張を破るために、OECD諸国のデータを提出して、「全然そんなことありませんよ」といった。

そうしたらそれを見た小泉（純一郎）さんは財務省に、「金利と成長率の関係を決め打ちするな」と怒って、それで終わった。

私はそのときからOECDのデータを、5年に一度の頻度でずっとアップデートしている。

【図版3－12】（128ページ）はOECD諸国における「成長率－金利」の分布

【図版3－12】OECD諸国における「成長率ー金利」の分布（1970～2022）

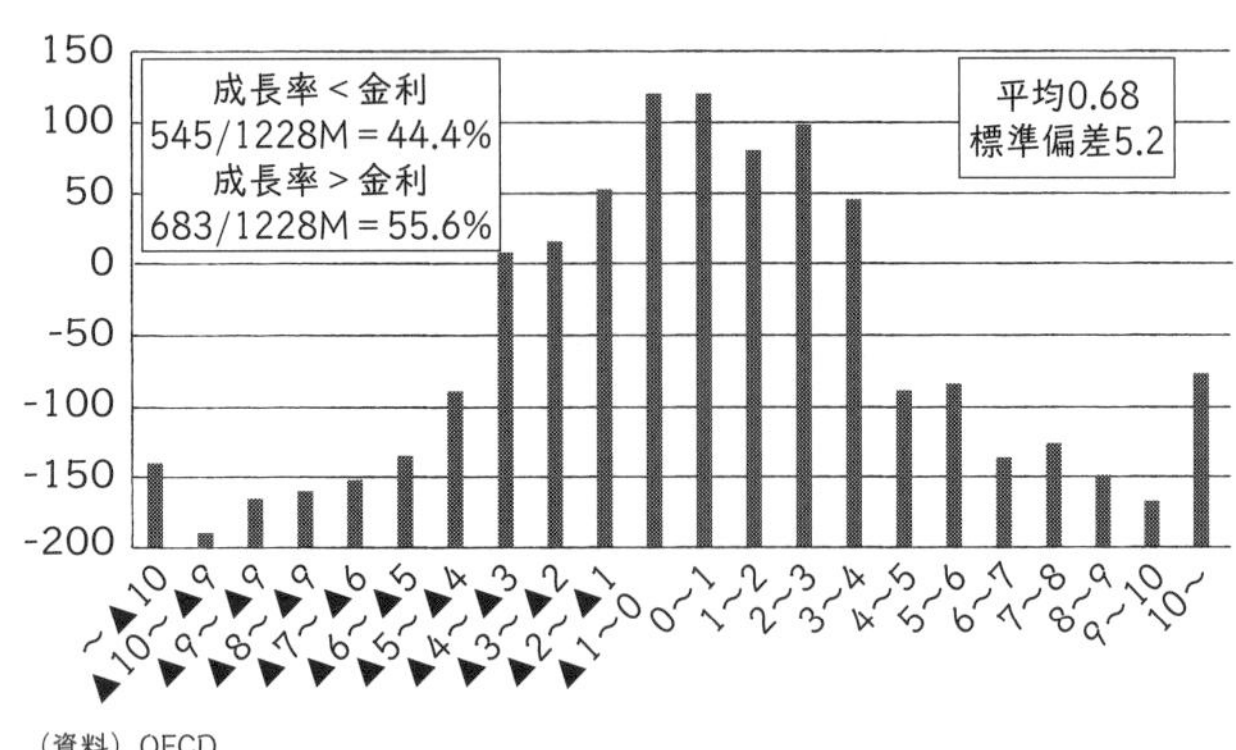

（資料）OECD

（１９７０年～２０２２年）である。全部でデータは１２２８個ある。

成長率が金利より低いときが４４・４％。成長率が金利より高いときが５５・６％。確率としては、成長率が金利より高いときのほうが若干高い。

今の指標は、これまで説明してきた通り、狭い意味での政府のプライマリーバランスのため違う。ただ、１００歩譲ってそれに従ったところで、成長率のほうが高そうだから、ちょっと赤字でも構わないという答えになる。

本音をいえば、本当は統合政府に基づく新しい指標で、プライマリーバランスを計算した方がいい。

パブリックセクターバランスシートに基づく、プライマリーバランスできちんと計算するべきだ。

２０２５年度は、プライマリーバランス死守ということなどで、財務省はそれをガンガン主張してくると思われる。もし私にこの件について声がかかったら、それに対するディフェンスとともに、新しいプライマリーバランスの指標というのも、いおうかと考えている。

「公共投資はムダ遣い」という財務省の洗脳

株価が34年ぶりに、バブル期超えを果たした２０２４年2月。おおいに沸いたものの、今までバブル期越えを果たせなかったのがむしろ変だというべきだろう。

名目ＧＤＰが日本は34年前のバブル期と比べると、ほとんど横ばいにもかかわらず、アメリカとカナダは4倍を超え、イギリスは4倍近い。イタリア、ドイツ、フランスも2・5倍を超えている（【図版3－6】／１１７ページ）。

日本はデフレと公共投資が非常に低いので横ばいになるということは、先にも述べたが、では、なぜ国交省は４％の社会割引率にここまでこだわるのだろうか。

――財務省が結託（暗躍）しているというのが私の読みである。

信じがたいことだが、公共投資が出ないのをよしとしてる人もずいぶんいる。たとえば民主党政権のときにも、社会的割引率について見直しはまったくされていない。彼らは、財務省の口車に乗り「コンクリートから人へ」（※）などという愚論中の愚論を得意げに展開して、公共事業をガンガン切っていった。

例外の八ツ場ダムも、「やめろ！」といわれて本当に大変だったが、なんとか作った。ただ、他の公共事業はガンガン切っていき、「呼び水」と呼ばれる公共投資が出ないため、当然ほかの民間投資もまったく出なかった。

このように公共事業をしない期間が30年もあると、名目ＧＤＰ成長率にかなり差が開いてしまうのは、【図版３－６】で見た通りである。

ウラで糸引く財務省はこれを知っていて、国交省を窓口として、意図的に安倍・菅政権のときには「髙橋さんのいうことは正しいです」といって、正しいです、正しいです、そして（社会的割引率を）見直します、見直しますと口先だけでいい、見直さなかったのも先にも述べた通りだ。

財務省の本性が出たのは、岸田政権になってからだ。「これからも、（社会的割引率は）４％でいきます」とはっきりいったのである。

私が政策担当をしているときには、「見直します」といい続けた。そういわれてしまったら、「じゃあ、やっといてください」というほかない。はっきりいって、私は国交省——実際には財務省にダマされたということになる。

財務省にしっぽを振れば出世ができる

いまではこれらに携わる人には知られた話であるため、土木学会などでは私の専門分野でもないにもかかわらず、「髙橋さんは立派なことをいう」と、めちゃくちゃ褒めてもらえる。

ただこれは、データを見れば一目瞭然の話であり、自分がきっかけで4％と決め、それをどのように修正すべきかは、私にも責任の一端があるとも思ったから主張し続けているのだ。その後時代（金利）が変わっても調整しないのは、正直いって信じられない話である。

国債の金利に合わせて自動スライド的に毎年調整すればいいだけの話で、これまた先にも述べたように他の国は国債の金利に応じて、毎年見直している。

それをなぜしないのかは、やはり財務省がからんでいる。

財務省は金利が高い方が気分がいい。なぜなら、そうすれば公共投資も出ないし、予算も結構抑えられるからだ。大好きな増税も可能になる。

国交省は「国土強靭化」などといいつつ、実際には真逆で財務省の尻馬に乗っている。なぜなら、財務省にゴマを擦った方が出世をするからだ。国交省で偉くなった人は、財務省にゴマをすって偉くなった人が多い。結局、国交省の中で本当に国民のためにと考えて、真面目で筋が通ったことをいう人は全然出世しない。財務省にベタついて、まるでブンブンとふるしっぽが見えるかのような人が、どんどんどんどん出世していくのである。

公共投資の超優良物件「大阪万博」

「公共投資はムダ遣い」のような刷り込みがあるのは、やはり財務省の作戦である。

最近ならば、「大阪万博をやったら、けしからん」はその最たる例であるが、万博というのは実は4％という高い社会的割引率でも、採算が取れるくらいに儲かるのだ。本来ならば、こんなに高い金利ならばかなり難しいのだが、それをものともしないかなりの優良物件なのである。

4％で計算しても2兆5000億円くらいの経済効果が見込め、コストは1兆円ぐらいだから、入場料だけ見るとちょっと赤字になるかもしれないが、全体で見たらまったく問題ない。

ただ、社会的割引率が4％でも採算が取れる物件は、絶対量が少な過ぎる。1％ぐらいにして、それをクリアできる物件を探せば、いまの公共投資の3倍ぐらいにもなるのだ。

現状、社会的割引率（金利）を高いままにすることで、公共投資はムダだというイメージ操作がかなり浸透している。それも、テレビ・新聞のいわゆるマスコミのポチが、自分たちで調べもせずに財務省の手先（口先？）となり、伝えてしまっているのが原因である。

ポチ（マスコミ）経由で、財務省に刷り込まれ洗脳されかかっている、「公共投資はムダ」という罠にひっかかってはならないのだ。そもそも、ノーベル賞をとった立派な研究に基いて計算されているものであり、どちらを信用すればいいのかは、すぐにわかる話だろう。

さらに、万博についていえば、100年以上歴史があるから、その採算についてはは大体当たる。なぜなら、100年ぐらい歴史が古い、つまりデータが積み重なってきているものは経験則として活かせるからだ。

※「コンクリートから人へ」

政権交代を果たした民主党が2009年度マニュフェストで掲げた政策のひとつ。政策や予算の優先順位を決める政治において、コンクリートではなく、人間を大事にしたいと宣言。従来の自民党政権が、ダムや道路、空港など大型建築物（コンクリート）に巨額の税金を充てていたことに対し、抜本的に予算を組み替え、子育て・教育、年金・医療、地域主権、雇用・経済への予算充実を目指し、政権交代後、大幅な公共事業の削減、事業仕分けの実施やこども手当の創設を決定した。

ラスボスはやはり財務省だった！

今年度予算が成立するとなったら、すぐ次の来年度予算の話がはじまる。

これはけっして珍しいことではなく、政治の世界はいつもどんどん先を行く。たとえば、２０２５年度予算は財政で大きなポイントがいくつもあるが、先にも触れたように財務省はプライマリーバランスを黒字化させる目標をガンガン推している。ただ、黒字化という話になると緊縮財政になるため、たぶんそこが争点になるはずである。

25年度予算の話は２０２４年の初頭には、すでに水面下ではじまっていて、自民党では財政健全化推進本部の名の下に財政健全化――はっきりいって緊縮だが、そういう動きが表に出ずステルスですでにスタートしている。

大宏池会（＝緊縮財政・増税路線）ができそうなときに、その裏でちゃっかりと、緊縮財政・増税路線の政治家たちを、財務省が虎視眈々と狙って引き抜いて、それを元にして財政健全化推進本部ができあがった。

相変わらず財務省が、ウラではすべて糸を引いているというわけだ。「派閥はだめだ」ということで、財政健全化推進本部は勉強会であり派閥ではないように見せているが、このように事実上、大宏池会の政策の実動部隊のようになっている。これは、「政治家としてもっと上を狙いたければ、ここ（財政健全化推進本部）に入って来いよ」ということを、財務省がいっているようなものである。

一方で、自民党の中にも安倍さんの流れを汲む財政積極派の人もいる。そちらはどういうところをテコにするかといえば、財政政策検討本部である。財政健全化推進本部に遅れること2カ月、自民党の中でカウンター勢力のパートがなく、全然話にならなかったところ、ようやく動き出した。その有識者に私も入っている。

ポチにも「松竹梅」がある

私に対する攻撃は、こうした主張を異にする〝勉強会〟に加え、財務省やそのOB・OGなどの会合で「髙橋はとにかくけしからん」とまことしやかに喧伝され続けることで、起こっているらしい。

当然のことながら、財務省なりそのOB・OGだからマスコミにはかなりの影響がある。そのうち財務省（OB・OG含む）が自ら活動しなくとも、マスコミをはじめとしたポチが犬笛を吹かれると騒ぎ出すという構図が、でき上がっているようだ。

ただ、雑魚（とあえていわせてもらう）が私と議論したいといっても、それは無理な話である。雑魚（ネット民）はポチの中でも下級ポチ（梅）。

財務省もそういうところは抜かりなく、ポチにもしっかり松竹梅のランク付けをしている。上級ポチ（松）は、財政健全化推進本部の国会議員。ランクが高く財務省のケアもバッチリ手厚い。中級ポチ（竹）は金融機関、マスコミなどである。

でも私はポチならば、松であろうと議論はしない。財務省としか議論しない。

ちなみに、なぜ私が「ポチの区分」について詳しいかといえば、財政健全化推進本部の某国会議員がポチになるときに、お世話係（餌付け役）を拝命したからだ。ただ、財務省も「髙橋に任せていたら危ない」というか、本来の目的を果たせないということで、早々にお役御免になったという経緯がある。

実は、安倍さんもよくこの構図を知っていて、私は安倍さんの立ち会いの下で歴代の総理や大臣たちに何度も何度もレクチャーしたことがある。

ただ、その度ごとにそれに感づいた財務省が、すぐに「髙橋の話はウソだ！」と逆レクチャーする。いたちごっこが過ぎて、安倍さんに「これはいくらやってもいくらやってもムダですよ」といったこともある。なぜ財務省のいうことを信じてしまうのか、これればかりは人によるとしかいいようがないが、少しでも自分で調べるようにすれば、どちらがウソをついているのかは、すぐわかる話でもある。

この財政健全化推進本部を見ていると、「ラスボスは財務省」ということが、あらためて浮き彫りになった。そのうえで繰り返しになるが、私はいかなるポチも相手にしない。ただ、本丸（財務省）は責任もって追及する。

私が相手にするのは、本丸の財務省だけなのである。

4章

親玉「財務省」子分「日銀」
——その本当の関係とは？

物価は「モノとお金のバランス」で決まる
――貨幣数量理論

世の中に出回るお金の増減によって、物価が上下する＝「物価はモノとお金の量のバランスによって決する」という貨幣数量理論（【図版４－１】）がある。

これを理解するには、まず「ワルラスの法則」を知る必要がある（【図版４－２】／１４５ページ）。ワルラスの法則とは、19世紀のフランスの経済学者で、経済学に数学的手法を適用し「一般均衡理論」を定式化したレオン・ワルラスにちなんでいる。ワルラスの法則は経済を個別の事象としてではなく、全体でとらえるマクロ経済学のベースといえる。とくに貨幣数量理論を理解するうえでは欠かせないため、ここで紹介することにする。

ワルラスの法則は、数式一つで説明できる。何十年も前の話だが筆者はいわゆる「リフレ理論」を説明する際に、ワルラスの法則から貨幣数量理論を導き出した。

【図版４－１】貨幣数量理論

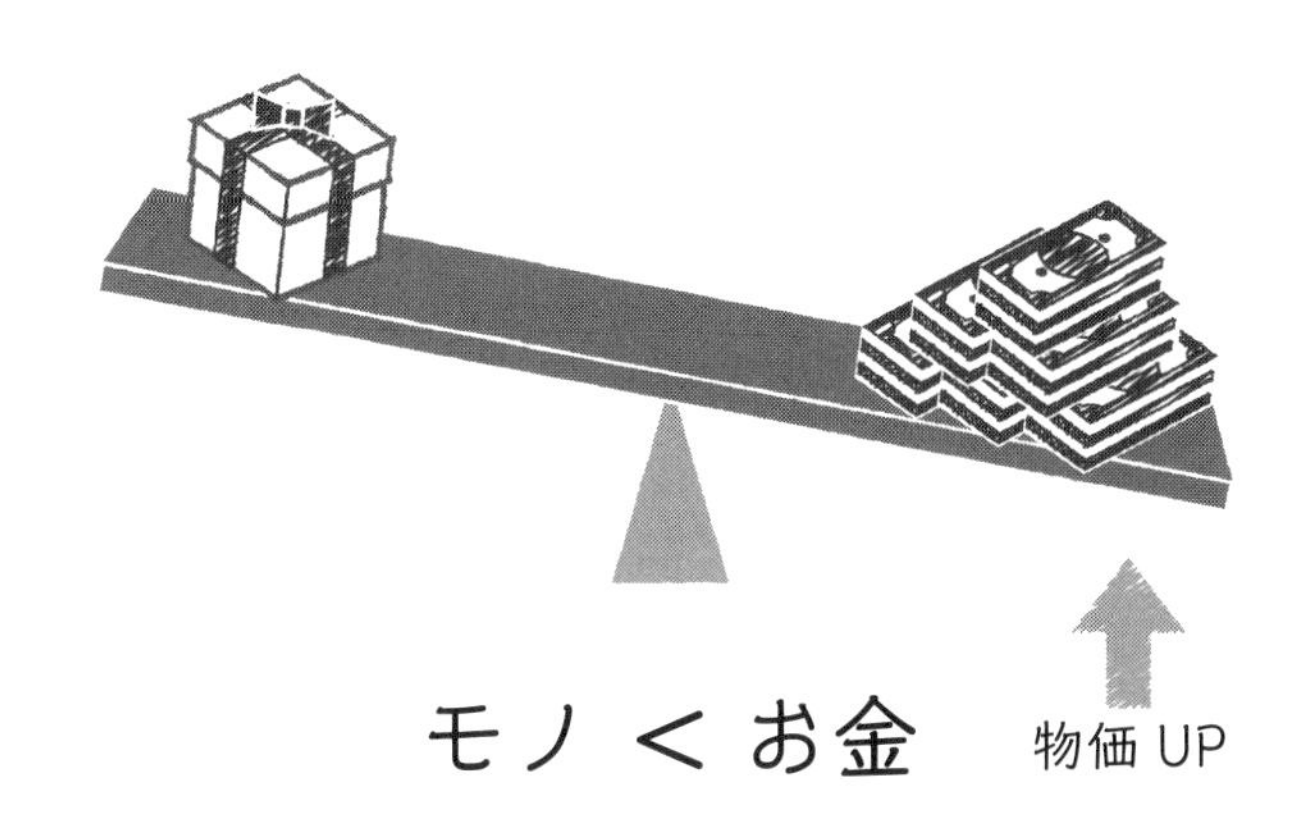

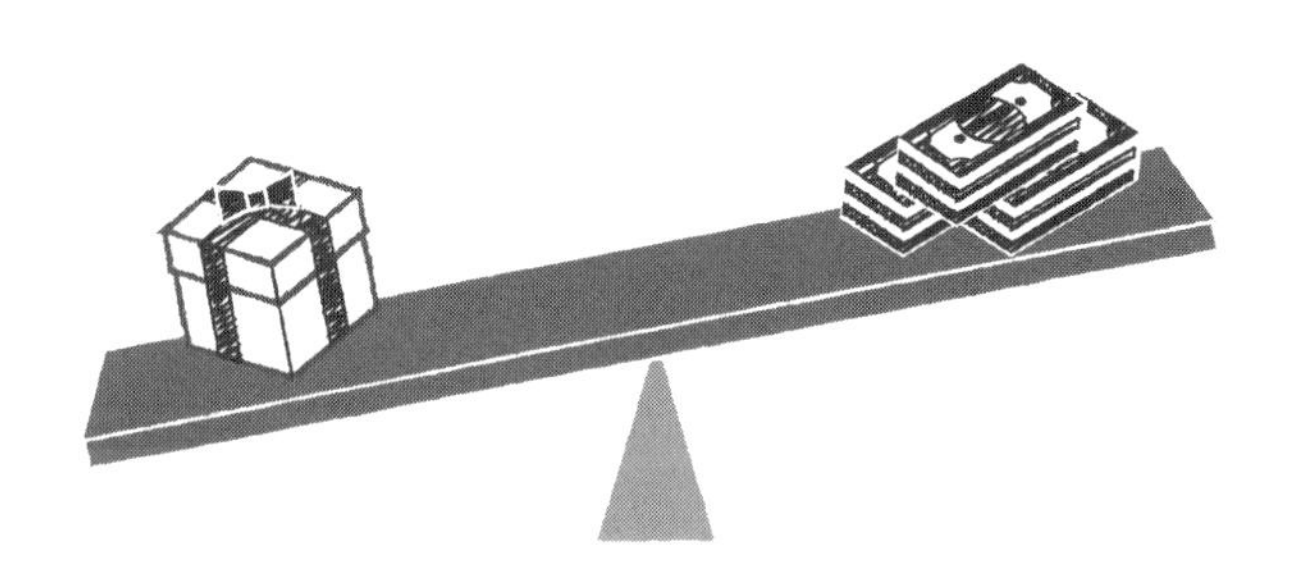

モノ ＞ お金　物価 DOWN

もともと数学を専門とする私にとっては、数式ほどシンプルでわかりやすいものはない。だから、そのときも数ページの数式だけを書いたのだが、経済学者でも理解できなかったらしい。だとすると、数学アレルギーのド文系の人はなおさらだろう。さっぱり数式が理解できない人も多いだろうから、ここでは言葉で説明しておく。

ワルラスの法則とは、「世の中の超過需要と超過供給の和はゼロになる」という法則だ。世の中には、さまざまなモノやサービスなどを、貨幣で売り買いする市場がある。

マクロ経済学では、一つひとつの市場に分けて考えず、すべての市場の需要と供給から経済を考えるが、まずは、ごく単純化して考えたほうが理解しやすいだろう。

そこで仮に、ａという財を生産するＡさんと、１０００円のお金を持つＢさんという、たった2人の人間しか存在しない世の中を設定してみよう。

Ｂさんは、Ａさんが生産するａが欲しい。つまり、Ａさんはａの供給者であり、Ｂさんはａの需要者だ。Ａさんは何の見返りもなくａを手放したくないから、Ｂさんが持っている１０００円と引き換えにａを売る。このとき、財の供給者であるＡさんは、

【図版４－2】ワルラスの法則

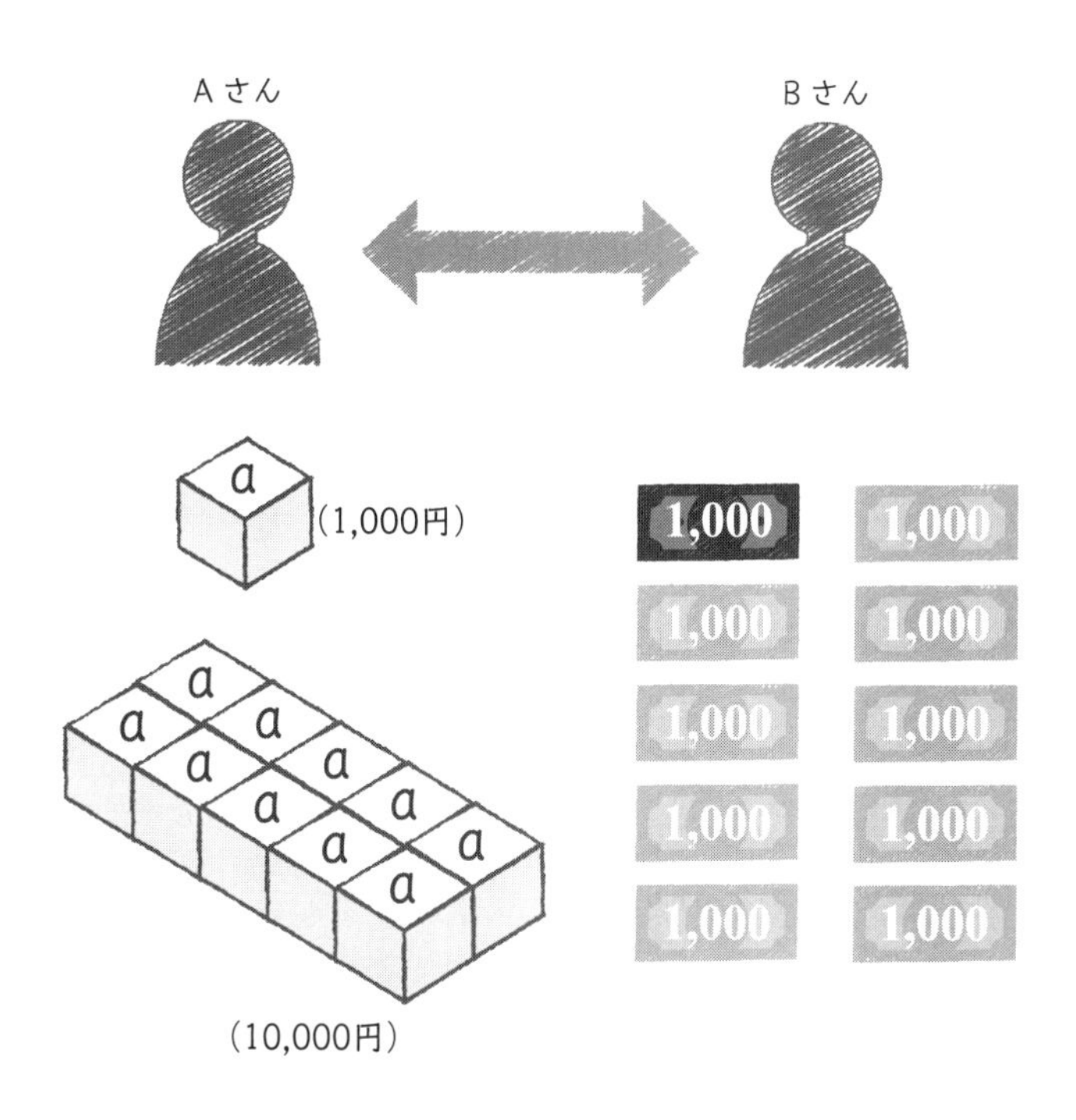

☆9,000円分の超過供給（財の余剰）は、
9,000円分の超過需要（貨幣の不足）に！

Bさんが持っている貨幣の需要者になるわけだ。

先ほど設定したとおり、世の中に存在する人間は2人だけ、財はaだけだ。

したがって、Bさんがケチッて500円で財を買うという選択肢はあり得ない。500円を手元に残したところで、どうしようもないからだ。

では、ワルラスの法則の超過需要、超過供給とはどういうことか。

世の中に人間は2人だけ、財はaだけという設定のまま説明すると、まずAさんがaをたくさん生産したとする。Aさんはaを一つあたり1000円で売りたいが、Bさんには1000円しかない。仮にaを10個作ったとしたら、合計で1万円だ。Aさんは、Bさんが持っている1000円と、あと9000円欲しいことになる。

つまり、9000円ぶんの超過供給（財の余剰）は、9000円ぶんの超過需要（貨幣の不足）となるのだ。

ここで視点をマクロに広げてみよう。

需要と供給がぴったり一致することはない。世の中に数え切れないほど存在する市場では、つねに超過供給（余剰）と超過需要（不足）が起こっている。ある市場で超過需要なら、別のある市場では超過供給という具合だ。

市場原理も踏まえていい換えれば、ある市場では超過供給のために価格が下がっているとしたら、必ず、別のある市場では、超過需要のために価格が上がっているということだ。ただ、実際にすべての市場を見出したらキリがないし、意味もない。

そこで私は、

・モノやサービスが売り買いされる「財市場」
・労働力が売り買いされる「労働市場」
・株や為替など金融資産が売り買いされる「金融市場」

の三つに分けて考えている。

この分類の基準は価格の動きやすさだ。たとえば労働力の価格は、そう頻繁には変わらない。読者も、雇い主から受け取る給料がコロコロ変わるという人は稀だろう。

一方、モノやサービスは、需要と供給のバランスが移ろいやすく、価格も動きやすい。さらに動きやすいのは、経済政策や世情に敏感に反応する株価や為替だ。何かあるとまず反応するのは株価や為替であり、その後にＧＤＰや物価や賃金が動く。経済を考えるうえで、こういう「順序」はけっこう大事である。

だから、金融、財、労働、というように価格の変わりやすさ（つまり変化する順序の早さ）で市場を分類しておくと、よりシンプルに的確に世の中を見ることができるのだ。

話を戻そう。

先ほどのたとえ話で見たように、超過需要と超過供給はぴったり同じ額で、マイナスとプラスの関係にある。この関係は市場がいくつになっても変わらない。

つまり「すべての市場の超過需要と超過供給は、合計するとゼロになる」——というワルラスの法則にたどり着くのだ。なお、教科書などでは「すべての市場の超過需要の和はゼロになる」と書かれていることが多い。

本書では、より親切に表現しただけで意味は同じである。

「インフレ」「デフレ」とは、そもそも何なのか？

モノ、サービス、株、為替など、個々の価格は、需要と供給の市場原理によって決まる。しかし物価はちょっと違う。物価とは、世の中で売り買いされているモノの価格の平均みたいなものだが、これには、「世の中に出回っているお金の総量」が関係しているのだ。

ひと言でいえば、物価は「世の中で売り買いされているモノの量」と「世の中に出回っているお金の量」のバランスで決まる。これが「貨幣数量理論」である。

先ほどのワルラスの法則で挙げた「世の中に存在する人間は2人だけ、財は一つだけ」という設定を思い出してほしい。この設定だと、Aさんが作っているaが「世の中で売り買いされているモノ」であり、aの値段＝物価だ。そしてBさんが持っている1000円が「世の中に出回っているお金」だ。

Aさんが作っている財が欲しいBさんは、1000円を持っていた。世の中に存在する財は一つだけだから、Bさんがケチッて500円で買うという選択肢はあり得ないと説明した。となると、もしBさんが2000円を持っていたら、その2000円で財を買うことになる。AさんとBさんの2人しかいない世の中にあるお金が、2000円になると、物価は上がるわけだ。逆にBさんが500円を持っていたら、物価は500円に下がることになる。

貨幣数量理論は、このメカニズムが世の中全体で起こっていると考えればいい。世の中で売り買いされているものより、世の中に出回っているお金のほうが多くなると、モノに対してお金がダブつく。つまり、モノのほうが相対的に少なくなるため、物価が上がる（インフレーション／以下インフレ）。

反対に、世の中に出回っているお金より、世の中で売り買いされているモノのほうが多くなると、今度はお金に対してモノがダブつく。つまり、モノが相対的に多くなるため、物価が下がる（デフレーション／以下デフレ）。

読者も、インフレ、デフレという言葉はよく聞くと思う。

今までの説明をまとめて、次のように貨幣数量理論を覚えておくと、無理解なまま、ただ言葉だけを発するという愚は避けられるだろうし、惑わされることもなくなるはずだ。

・インフレ＝お金が増えて、モノの価値が上がった状態
・デフレ＝お金が減って、モノの価値が下がった状態

「増える」「減る」「上がる」「下がる」という言葉からもわかるように、インフレもデフレも、ある一定の状態を指すものではない。

たとえば、バブル崩壊後にデフレに転じたというのは、バブル期に比べてお金が減って、モノの価値が下がったということだ。また、前にも出した「インフレ目標」（94ページ）というのも、「いまと比べて未来をどうするか」ということだ。

このようにインフレ、デフレは、過去と現在、現在と未来の比較のうえで成り立つ相対的な概念だということも、一緒に覚えておこう。

日銀が行う経済対策「金融政策」

「モノとお金」「通貨と通貨」という具合に、経済はバランスの変化によって動いている。つまりこのバランスに手を加えれば、ある程度、人為的に経済をコントロールすることができる。

それをするのが、政府と中央銀行（日本の場合は日銀）による経済政策である。

日銀の行う経済政策は「金融政策」と呼ばれる。これは、平たくいうと**「物価の安定のため世の中に出回るお金の量を調節すること」**だ。

金融緩和、金融緊縮（引き締め）とは、出回る量を「増やす（緩和）」→インフレにする、「減らす（緊縮）」→デフレにする、ということである。

あとで詳しく説明するが、世の中に出回るお金の量が変わると、金利が変わる。お金の量と金利は表裏一体の関係だ。金利が変わると物価が変わる。日銀は、そのときどきの「これくらいの金利にする」という目標に向けて、金融緩和や金融緊縮を行うのである。

お金の量を調整する「買いオペレーション」「売りオペレーション」

では日銀は、どうやってお金の量を調整するのか。伝統的な手法としては、民間の金融機関が持っている債券や手形の売買が挙げられる。

デフレのときは買う（買いオペレーション）。

ちょっと余談だが、日銀がモノを買えばお金が刷られる。この現象は日銀だけだ。普通の人や企業は、手持ちのお金でモノを買うわけで、手持ちのお金以上には買えない。当座借り入れで、少しは手持ち現金より余計に買えるがそれでも限界がある。

ところが日銀はお金を刷るので理論上限界はない。日銀は何でもモノを買えば、世の中のお金が増えるので、これをあえて強調するためにバーナンキ元・ＦＲＢ議長は、「ケチャップでも買ったらいい」といった。

政府は国債を発行する。

民間金融機関は政府から入札で国債を買う。

日銀は民間金融機関から国債を買い、その利子収入（通貨発行益）を政府に納める。

通貨発行益は国庫納付金となり、すると政府が使えるお金が増え、公共投資などが増え、結果的に雇用創出となって失業者が減る。

金融緩和策とは、こんなふうにして世の中に出回るお金を増やしてやろう、というものだ。


いずれにしても、日銀が金融機関から国債などを買えば、金融機関の資金が潤沢となり金利が下がる。なぜかというと、資金が潤沢になればほかの銀行からお金を借りる必要がなくなるからだ。また銀行が資金を運用する際にも、ほかの銀行もおしなべて資金が潤沢になっているため、どこも金利を下げてお金を貸そうとするようになる。いわば貸し手の「金利下げ合戦」のような状態になるのである。

需要と供給の関係で考えると、わかりやすいかもしれない。

要するに借りたい人（需要）に対してお金（供給）が潤沢にあることになれば、供給側の価値（利子）もおのずと下がるというわけだ。こうして金利が下がると、借り手も融資を受けやすくなり、世の中に出回るお金が増え物価が上昇する。

先にも説明したように、物価は「モノとお金の量のバランス」によって決まるからだ。お金が増えたぶんモノの価値が上がり、インフレになるわけである。

反対に、日銀が民間の金融機関に債券や手形を売ることを「売りオペレーション」という。

ここではいまの説明とまったく逆のことが起こるため、世の中に出回るお金の量が減り、結果デフレとなる。国債を買うことで、日銀が民間金融機関に資金を出し、民間金融機関から民間企業などへの融資や投資が活性化するように誘導する。

このように、日銀は世の中に出回るお金を調節し、「風が吹いたら桶屋が儲かる」式の連鎖反応を起こすことで物価をコントロールする。

ただし、日銀による金融政策の方向性を決めるのは政府である。

政府はいわば司令塔であり、日銀は金融の専門家として、政府の意向に沿った目標（インフレ目標）を実現するために策を講じる責務、たとえばお金をどのくらい増やしたり減らしたりして、金利をどの程度にするかという責務を負う。

しばしば「日銀の独立性」が指摘されるが、これはあくまでも「手段の独立性」であり、「目標の独立性」ではない。この話は世界の常識である。

日銀が勝手に目標を立てて策を講じることは、本来あってはならないのである。

逆にいえば、**日銀をうまく使うのも、日銀のいいなりになるのも、政府の手腕次第であるが、これまた財務省が裏で糸を引いていることがほとんど**なのである。

政府が自ら行う経済対策「財政政策」

政府の目標に従って日銀が行う金融政策（経済対策）に対して、**政府が自ら行う経済対策は「財政政策」**といわれる。

最初に断っておきたいのだが、私が旨とするマクロ経済学的に考えれば、日銀の金融政策によって経済全体の底上げを目指したほうがいい。政府の財政政策を行うにしても、まず金融政策ありきというスタンスである。

政治家のなかにも、私と同様のスタンスの人と、財政政策に重きを置く人がおり、ときの政府でどちらが力を持つかが、経済政策に影響する。こういう視点で報道を見ていると、政治家たちの考え方やしがらみ、さらには財務省の思惑が見えてくる。

財政政策とは、政府が歳出・歳入を調整することで、経済に影響を及ぼそうとするものである。歳出とは公共投資、歳入とは税金だ。

たとえば、そのうちの「財政出動」とは、税金や国債などの財政資金を公共事業などに大々的に投資することにより（公共投資）、総需要を増加させ、ＧＤＰや民間消費、民間投資の増加をはかり、雇用増大を目指すものである。

「公共投資にはメリットしかない」というウソ

さて、いままでかなり、公共投資の重要性について述べてきたため「公共投資にはメリットしかない」と思われた読者もいるかもしれないが、それは違う。

公共投資はたしかに雇用創出の効果（これが経済成長につながるのは、先にも述べた通りだ）はあるものの、特定の業界に偏るという不公平は避けられない。加えて官僚と業界などの、汚職の温床になりやすいというデメリットもある。

したがって、**むやみに公共投資をすればいいというものではなく、正しい金融政策が行われているところへ、その効果をさらに高めるために、本当に効果がある公共投資だけにしぼらねば、本末転倒となる。**

それをどうやって見極めるか。

――投資に見合うバックが見込めるかを分析すればいい。これこそがコスト・ベネフィット分析（119ページ）である。公共投資のすべてが悪いのではなく、投資効果が高いものだけを厳選して行えば、経済成長につなげることができるというわけだ。

ただし、バックが見込める高い公共投資でも、あくまで金融政策ありきで行われるべきだというのには、理由がある。じつは公共投資は金利の上昇を招き、それが円高、輸出減、輸入増につながるおそれがあるからだ。

これは、「マンデル・フレミングモデル」（190ページ）という経済理論によるものだ。「単独で行う財政政策には効果がない」と結論づけたもので、1999年にノーベル経済学賞を受賞した。

公共投資オンリーの人、この人たちは特定業界の利益代表であることが多いのだが、その人にとってはこの理論は目の上のたんこぶだ。だから、この理論がしばしば誤りだとかいう人も多いのだが、それなら早く論文を書いてノーベル賞をもらったほうがいい。ただ、そうした人はまだ出ていないので、悔し紛れにいっているのだろう。

輸出が減って輸入が増えるということは、公共投資の効果が海外に流れ出るということだ。日本経済のための施策が、海外に利するだけになってしまう。そこで正しい金融政策による円安効果があれば、公共投資によって生じる円高を打ち消すことができ、投資効果を国内で回収できる。

さらにいえば、世界的にも財政出動（公共投資）が行われている状態で、公共投資をするのが望ましい。日本の公共投資の効果が海外に流れるのとは逆パターンで、海外の公共投資の効果が日本に回ってくるからだ。

5章

「金利」からも見えてくる！財務省の大好きな増税は「意味不明」で「愚かな策」

金融政策の大黒柱「金利」

金融政策（152ページ）を理解するには、まず「金利とは何か?」から説明をはじめなくてはいけない。いままでも、さんざん「金利」という言葉が出てきたが、金利とは要するに「お金を貸し借りする際に生じる見返り」のようなものだ。

たとえば、銀行はあなたから預かったお金を投資に使い、運用益を得ている。あなたは、銀行にお金を「貸している」のであり、銀行預金につく利子はその見返りといえる。逆に、あなたが住宅ローンなどでお金を借りれば、今度はあなたが利子を払う側となる。銀行はあなたにお金を貸した見返りとして、貸した額より何パーセントか多くあなたから返してもらう、というわけだ。

この金利は、いったい誰が決めているのだろうか。

個々の金融機関が金利を決めているのだが、どこの銀行でも、大して変わらない。なぜなら、日銀が決める**「政策金利」**が基準値になっているからだ。そういう意味では、元をたどれば**「金利は日銀が決めている」**といってもいい。ここで、金利は日銀が決めるということがいえるのは、お金の供給で日銀が決定的な役割を握っているからだ(58ページ)。

では、政策金利とは、どんな金利か。

金利には「短期金利」と「長期金利」がある。

たとえば、住宅ローンは30年などだし、国債にも1年物から10年物、30年物などもある。長期金利にはいろいろな種類があるが、基本的に償還期間(完済するまでの期間)が1年以上のものを長期金利と呼ぶ。となると短期金利は、基本的に1年未満のものとなるが、話はそれだけでは済まない。

民間金融機関は、日銀に当座預金を持っており、そこに一定額を入れておくことを義務付けられている。これを「法定準備金」という。

ところが、日銀当座預金の残高は、日々の取引のために変動している。ときには、法定準備金を割りそうになることもある。そうなったら、金融機関は他の資金豊富な金融機関から瞬間的にお金を借りて、法定準備金を補うのである。

そこでよく使われるのが、金融機関同士で資金の調達や供給を行なう「無担保コール翌日物」だ。これは「今日借りて、明日返す」という、要するに償還期間がたった1日の超短期金利である。

話を戻すと**「日銀が動かす政策金利」とは、この超短期金利の「無担保コール翌日物」の金利を指す**のである。

日銀は金融政策によって、世の中に出回るお金の量をコントロールする。

世の中のお金の動きを実際に変えるのは、長期金利だ。設備投資や住宅ローンの金利が下がれば、企業や個人がお金を借りやすくなって、世の中をお金がグルグルとめぐりだす。

しかし、日銀は長期金利を原則として直接動かすことはできない。

もちろん、短期金利を動かせば長期金利も動く。しかし、実際に長期金利がどれくらいになるかは、将来の物価変動や市場の動向など、現時点では不確実な要素に大きく左右される。

だから、日銀は、まず超短期金利を動かすことで、派生的・間接的に長期金利も動かす、という手段をとるのだ。

ただし、イールドカーブ・コントロール（※）という政策で、２０１６年９月から２０２３年３月まで長期金利もコントロールしていた。

さらに日銀は、世の中の景気を見て「政策金利」を決める。

たとえば、景気の悪化を受けて日銀が政策金利を下げたとしよう。

民間の金融機関は、日銀や他の金融機関から、より安い利子で資金調達ができることになる。すると、民間金融機関は、自分から企業や個人に貸し出す際の金利を下げて、融資を増やそうとする。

お金を借りたいと思っている、企業や個人にとっては「渡りに船」である。より安い金利でお金を借りて、ローンを組んだり設備投資をしたりする。

こうして、政策金利から派生的、間接的に長期金利が下がり、以前より多くのお金が世の中に出回ることになる。それが、景気が上向く大きな推進力となる。

政策金利が動けば、民間の金利も動くというのは、こういう連鎖反応が起こることなのである。

市場の予想に左右される「長期金利」

日銀が動かす政策金利は超短期金利だけであり、長期金利は基本的に将来の物価変動や市場の予想に左右されると先に説明した。

ただ日銀が金融政策で金利を引き下げたと聞いても、身近な問題としてピンとくる人はほとんどいないだろう。政策金利そのものは、日銀と民間金融機関、民間金融機関同士の取引に関するものであり、私たち一般人には直接は関係ないからだ。

しかし、金融政策は私たちの生活にも確実に波及効果を及ぼす。

経済状況をよくするための金融政策なのだから、むしろ波及効果がなくてはおかしいということは、十分に理解できるだろう。

ここでもう一歩話を進めて、短期金利と長期金利の関係を見ておこう。

【図版5－1】短期金利と長期金利の関係

$$(1+r_2)^2=(1+{}_1r_1)(1+r_1)$$

2年金利　1年後の1年金利　1年金利

仮に短期金利を1年物、長期金利を2年物とすると、2年金利は、「1年後の1年金利の予想」に左右される。

これまた仮に日銀が政策金利を引き下げ、短期金利が軒並下がったとして、人々はどう受け止めるか。

「ここまで下がったのだから、来年は上がる」と予想する人もいれば、「ここまで下がったのだから、まだまだ下がる」と予想する人もいるだろう。

もし、1年後の1年金利が今の1年金利と同じだという予想なら、今の2年金利と1年金利は変わらない。

でも、1年後の1年金利が今より下がるという予想(これを先安と呼ぶ)なら、今の2年金利は今の1年金利より低くなる。

逆に1年後の1年金利が今より上がるという予想(これを先高と呼ぶ)なら、今の1年金利より今の2年金利は高くなる。

少し数学に明るい人なら、【図版5－1】（167ページ）のような式で考えたほうがわかりやすいかもしれない。

このように、金融市場（銀行など、お金を貸し借りするところ）の相場感によって、長期金利は決められているのである。

※イールドカーブ・コントロール（YCC／長短金利操作）

2016年9月に日銀が導入した大規模な金融政策のこと。短期で政策金利を、長期で国債の金利を操作することによって、景気を刺激することを目的として実施された。

「金利」と「お金の量」は表裏一体

世の中の金利とお金の量は、つねに表裏一体だ。

ひと言でいえば、金利が下がればお金の量は増える（お金が増えれば金利は下がる）し、金利が上がればお金の量は減る（お金が減れば金利が上がる）。

図にすると【図版5－2】（171ページ）のようになり、この場合Pは「金利」、Qは「世の中に出回るお金の量（貨幣量）」、需要曲線は「世の中のお金の需要」である。

金利が下がると世の中の貨幣需要が増え、貨幣量が増えることがわかるだろう。

なぜそうなるかといえば、簡単だ。金利が下がると、より多くの人がお金を借りるようになる。つまり、それだけ貨幣が必要になる。日銀は、世の中の貨幣需要によってお札を刷る量を決めるから、金利が下がるとお金の量は増えるのだ。逆に、金利を上げれば、お金を借りる人が減るため世の中の貨幣需要は減り、貨幣量が減るのである。

先にも述べたように、日銀は世の中の貨幣需要に直接、手を加えることはできない。だから、金融政策の需給曲線は、【図版5－2】に示したように、需要曲線の上を金利が上下するだけとなる。

今、説明したのは、P（金利）を動かすことでQ（貨幣量）を動かす方法だったが、Qを動かすことで金利を動かす、という手法もある。

それが【図版5－2】に垂直に描いた「日銀供給」だ。日銀のお金の供給である。といっても、アプローチする方向が違うだけで、結果は何も変わらない。

日銀供給が右にシフトすれば金利が下がる。これも、考えてみれば当然の話だ。金利を「お金を貸す側の価値」と、考えてみるといい。

日銀がお金を増やす（量的緩和／176ページ）と、民間金融機関の資金（日銀当座預金の残高）が潤沢になる。お金をただ持っていても何にもならないので、民間金

【図版５－2】金利と貨幣量

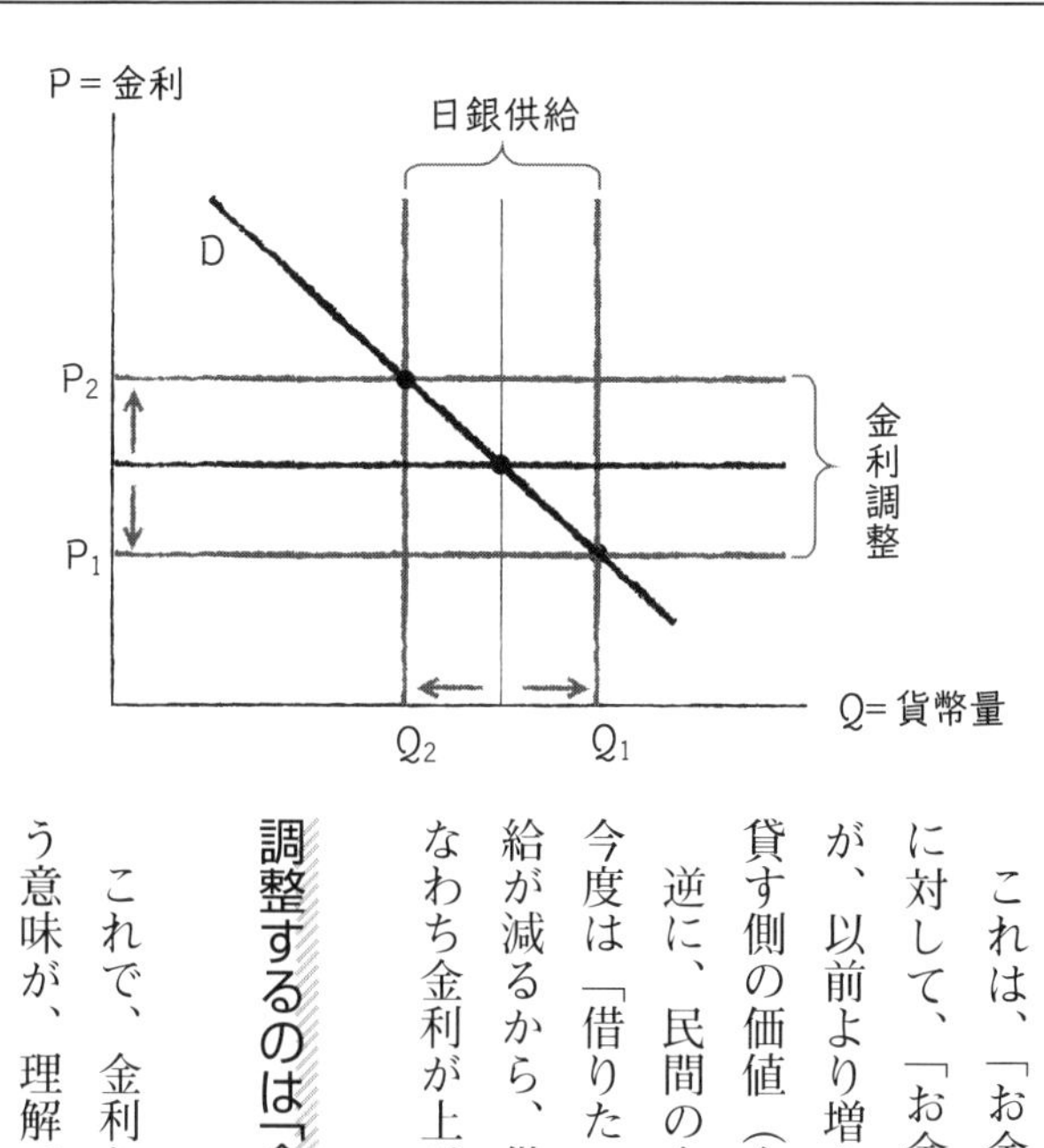

融機関はお金を貸したいと考える。

これは、「お金を借りたい」という需要に対して、「お金を貸したい」という供給が、以前より増えるということだ。だから、貸す側の価値（金利）は下がる。

逆に、民間の金融機関の資金が減ると、今度は「借りたい」という需要に対する供給が減るから、供給側の価値が上がる。すなわち金利が上がる、というわけだ。

調整するのは「金利」か「日銀供給」

これで、金利とお金の量は表裏一体という意味が、理解できただろうか。

だから、ニュースなどで「日銀が量的緩

和」と聞いたら「ああ、金利が下がるんだな」と思えばいい。

日銀は金利か日銀供給か、いずれかを動かすことによって、世の中に出回るお金の量を調節している。

【図版5－1】（171ページ）でいえば、垂直線を移動させるか、平行線を移動させるか。つまり、世の中のお金を減らしたり増やしたりするのを、金利の調節で行なうか、日銀供給の調節で行なうか、という違いだけである。

知らなくては話にならない「実質金利」

政策金利が動けば、民間の金利も動く。ここまでは理解できたと思う。

だが、それだけでは、まだ金利について半分しか説明していない。

この先の話をすんなり理解するために、もうひとがんばりしてほしい。


日銀が決める政策金利は、「名目金利」だ。読んでのとおり「名目上の金利」ということである。「額面の利子」といってもいいだろう。

では、名目ではない金利はあるのかというと、ある。ここが重要なポイントだ。

名目上ではない金利は、実質的な金利という意味で「実質金利」と呼ばれる。

どこが「実質」なのかというと、「物価上昇率（インフレ率）」を考慮している点だ。

ご存知の通り、物価は変動する。

物価とは、「モノとお金の量のバランスによって決まるモノの価値」だから、視点を反転させれば、「物価が変動するというのは、お金の価値が変動している」ともいえる。

たとえば「100円に対して1%の利子」といっても、その100円の価値が変われば、利子の1円の価値も変わる。物価が上がっていれば、利子の1円で買えたものが、いまは買えなくなっているかもしれない。

あくまで額面にすぎない名目金利では、この「価値の変動」をとらえきれないのだ。

そこで出てきたのが、**「実質金利（=名目金利－インフレ率（予想インフレ率））」**という考え方だ。

すると、何が起こるか。**【図版5－3】**を見てみよう。

見ればわかるように、そのときどきの物価の動向によって、名目金利は2%でも実質的には1%になることもあれば、名目金利が1%でも、実質的には1・5%、ということが起こる。

さらには、三つめの例のように実質金利がマイナスになることもある。名目金利は

【図版5－3】実質金利

☆実質金利＝名目金利－インフレ率（予想インフレ率）

① 名目金利は2％、インフレ率は1％
→実質金利＝2－1＝1％

② 名目金利は1％、
インフレ率はマイナス0.5％（デフレ状態）
→実質金利＝1－（－0.5）＝1.5％

③ 名目金利は0％、予想インフレ率は2％
→実質金利＝0－2＝マイナス2％

ゼロでも、「予想インフレ率」が高ければ実質金利はマイナスになるのだ。

これが、金融政策を理解するには欠かせないポイントなのである。

目的は「インフレターゲット」、達成のための「量的緩和」

金利は低くなるほどお金を借りる人が多くなり、世の中に出回るお金が増える。

デフレによる不景気時の金融政策としては、とにかく金利を下げることが、景気回復のカギとなるといってもいいだろう。

そこで重要なのが、実質金利を下げてくれる予想インフレ率なのだ。前に説明したように、予想インフレ率を高くすれば実質金利は下がる。

では、予想インフレ率は、どうやったら上がるのだろうか。キーワードは「インフレターゲット」と「量的緩和」である。

日銀が、将来の目標インフレ率を掲げることを「インフレターゲット」と呼ぶ。「2年後に、2%のインフレにします」などと宣言するのである。

ただし、目標を掲げるだけでは単なるコケおどしだから、目標を達成するための策をとる。それが「量的緩和」だ。日銀は必要に応じて自由にお金を増やすことができる。理論上、限界はない。

さて、量的緩和によって資金が潤沢となった民間金融機関は、金利を下げ盛んに企業や個人にお金を貸そうとする。そして、世の中に出回るお金が増えれば、「モノに対するお金の量が増える」ため、モノの価値が上がる、つまりインフレになる……という「予想」が世の中に広がることが、「予想インフレ率」である。

つまり、量的緩和とは、日銀当座預金を増やすことで「これからインフレになる」という期待を世の中に作り出し、結果、実質金利を引き下げる政策なのだ。

金融政策を理解するには、この実質金利をきちんと理解しておく必要がある。

よく「金融緩和には限界がある」という、経済学者がいる。名目金利はゼロ以下にまでは下げられないから、ゼロにまで下がった時点で、それ以上の緩和効果は出せない、というのである。

しかし、ここまでの話を理解できた読者なら、もうわかるだろう。

名目金利はゼロ以下にできなくても、量的緩和によって、日銀が提供するお金の総額を増やし、予想インフレ率を高くすることは可能だ。

名目金利（政策金利）も日銀が決める、予想インフレ率も日銀が決めるので、実質金利も日銀が決めているといっても過言でない。それほど、日銀の役割は大きい。

マイナス金利って、どういうこと？

マイナス金利とは、民間の金融機関が持っている日銀当座預金の名目金利が、マイナスになることである。

ここで、日銀当座預金について、もう少し理解を深めておこう。

そもそも、なぜ民間金融機関は日銀当座預金を持ち、法定準備金を入れておくことを義務付けられているのか。それは、日銀当座預金には、

・民間の金融機関同士の取引、民間の金融機関と日銀の取引、民間の金融機関と政府の取引の決済口座

・企業や個人が民間の金融機関に持っている預金口座の支払い

という役割があり、つねに一定額が入っていないと困ったことになるのだ。

あなたも、カードの支払いなどに使う取引口座を持っているのではないか。そこには、一定以上の金額を入れておくだろう。それと同様、日銀当座預金は民間金融機関の取引口座であり、一定の額が入っていないと取引不可能となりかねない。

この話がもっとも身近に感じられるのは、個人の預金だろう。

あなたが銀行に預けているお金は、ほかの個人や企業への投資に使われている。銀行は、要するにその運用益で食べているわけだが、あなたから預かったお金をそのまま投資するわけにはいかない。

もし、会社から振り込まれたあなたの給料が、右から左へと投資に回されていたら、いつ、あなたが「払い戻したい」「解約したい」といい出すかわからないからだ。あなたが「持ち合わせが足りない」と銀行ＡＴＭに行っても、お金を引き出せないことになってしまう。

つまり、民間の金融機関には、あなたに払い戻すお金と個人や企業に貸すお金の両方が必要になる、というわけだ。だから、民間の金融機関は日銀当座預金にお金を預けておいて、預金者に払い戻すお金に当てているのである。

さて、「預金」というからには、日銀当座預金にも利子がつく。

マイナス金利は、日銀当座預金の超過準備（法定準備金を超えた額）にかかる金利を、文字どおり「マイナスにする」ということなのである。ただし、これは2023年3月にイールドカーブ・コントロール（168ページ）とともになくなった。

ピントはずれの「マイナス金利」批判

「マイナス金利によって量的緩和の効果が抑制される」

「マイナス金利は量的緩和と矛盾する」


テレビや新聞で、こんな話を耳にしたことがあった人もいるかもしれない。経済ニュースに反応するのはけっこうだが、そこで繰り広げられている話を理解しようとしても、何のタメにもならない。

誤って理解している人が多いからだ。

マイナス金利を批判する人たちは、民間銀行が日銀当座預金をしなくなる（金利がマイナスでは損をする）から、日銀当座預金を増やす量的緩和とマイナス金利政策は矛盾する、という。だが、これがまったくピント外れなのだ。

マイナス金利になれば、たしかに、民間金融機関は日銀当座預金から超過準備を引き出すだろう。「利子を支払う損」を避けるためである。じつは、これこそが日銀の狙いといってもいい。なぜなら、**民間金融機関が手元に置く資金が増えるほど、世の中にお金が回りやすくなる**からだ。

日銀当座預金から引き上げたお金をただ持っているだけでは、民間金融機関の利益は上がらない。だから、そのお金を民間企業への貸し出しに回す。

でも、自分だけ高い金利のままでは、誰も借りに来てくれない。そこで、こぞって金利を下げ、だいたい同じくらいの低金利に落ち着く。すると、企業や個人がお金を借りやすくなる。

こうして世の中のお金の巡りがよくなると、経済が活性化する。経済が活性化すると、もっと日銀券が必要になる。その需要に応えて、日銀はお札を刷る。
結果、マネタリーベースは増えるというわけだ。

金利の引き下げは金融緩和の一環

このように順を追って全体の動きをとらえれば、マイナス金利は量的緩和と矛盾しないことがわかるはずだ。「日銀当座預金が減るから量的緩和と矛盾する」とは、要するに連鎖反応が起こる前の一点しか見ていない。単なる「マイナス」という語感で大騒ぎするというのも、何も本質がわかっていないだけだ。

ただ、民間金融機関の心境は複雑である。

企業や個人に貸すお金の金利は引き下げるが、かといって企業や個人から預かるお金の金利は、容易には下げられない。そんなことをしたら、預金を解約して「たんす貯金」にしたり、自分で投資をはじめたりする人が増えてしまうだろうからだ。

ひと言で言えば、受け取る金利は下げても、支払う金利は上げられない。つまり、民間金融機関にとっては、利幅が押しつぶされることになるのだ。

繰り返すが、金利が下がれば、企業や個人はお金を借りやすくなる。すでに借金がある人も、利下げ後の利率で新たに借金をし、元の借金を返済してしまえば、本来、支払うはずだった利子を大幅に免れることになる。これを「低利借り換え」などという。

なんであれ、**金利の引き下げは金融緩和の一環だ。お金を借りる人が圧倒的に得をし、そうして景気がよくなっていくのだから、社会的には旨みが多い**ものなのだ。

というわけで、**「景気が悪ければ金利を下げる」という金融政策の基本は、ここでも不変だ**。いまでは過去の話となってしまったが、マイナス金利もまた金融緩和の一つであり、量的緩和とは何も矛盾しないのである。

マネーストック増加率が、2年後のインフレ率を決める

さて、これまで「お金」と単純に呼んでいたが、**世の中に出回っているお金の総量を「マネーストック」という**。お金といっても、お札だけでなく金融機関への預金を含めて考えたほうがいい。

「マネーストック」はマネタリーベース（59ページ）に、金融機関の預金を足した額だ。このマネーストックの増加率とインフレ率は、じつは密接な関係にある。

過去のインフレ率と、その2年前のマネーストックの増加率の関係を調べると、双方に強い相関関係にあることが示されるのだ。つまり本年のマネーストック増加率が、2年後のインフレ率を決めるということだ。

マネーストック増加率がインフレおよび経済成長につながるまでに、およそ2年。

このように経済の動向は一朝一夕でわかるものではない。こういう知識をもとに、長い目で考えることが重要なのである。

利上げが続けば、失業率が増える

日銀が国債購入縮小の方法検討、事実上の量的引き締めへ移行という報道があった。つまり、日銀は機会さえあれば、利上げを望んでいるということである。

これは財務省が能登半島地震の復興予算を、やらなかったというシグナルが出ている。財政審（財政制度等審議会／財務省が設置し、財務大臣の諮問機関として財政に関する議論を行う）で、「人口を見ながら、復興予算します」などといっていること自体が引き締めなのだ。財政政策を引き締めることははっきりしているため、金融政策も引き締めるということになる。

なぜこんなことになるのか、とても不思議だが一つは植田（和男／第32代日本銀行総裁）さんが完全に金融機関擁護だということが上げられるだろう。これはＦＲＢと比較すると明らかになる（【図版5－4】）。

日銀は2024年はインフレ率2・8％で2025年はインフレ率1・9％、GDP成長率は2024年で0・8％で2025年は1・0％と発表している。

FRBは、2024年はインフレ率2・4％、2025年はインフレ率2・2％、GDP成長率は2024年が2・1％で2025年が2・0％。FRBがおもしろいのは失業率も発表している点だ。2024年に4・0％、2025年は4・1％とした。

インフレ率は似たような数字だが、日本は利上げし、FRBは利下げすると真逆のことをいっている。

ではなぜ、真逆のことをいっているのだろうか。

じつはここで引き締めると失業率がぐっと上がってしまうため、FRBは「利下げすることで、失業率を上がらせませんよ」といってるわけだ。

一方、日本は失業率に触れず、自分たち（財務省や日銀）の天下り先である金融機関のことだけ考えて、労働者（国民）の生活のことなど眼中にないから平気で利上げできるのである。利上げをすれば、銀行自体の景気はよくなるからだ。

【図版5－4】日銀とFRB

日銀	インフレ率	GDP成長率
2024年	2.8%	0.8%
2025年	1.9%	1.0%

FRB	インフレ率	GDP成長率	失業率
2024年	2.4%	2.1%	4.0%
2025年	2.2%	2.0%	4.1%

ただ下手に利上げすると、見通しの失業率より数字が高くなってしまう。私の見通しでは、2025年の失業率は多分2・5～2・6%ぐらいまで上がる思う。つまり、失業率が上がってしまうのがバレるから、わざと日本はそれに触れないのだ。世界の中央銀行はみんな書くのに、わざとそれを書かない。

それこそが、金融機関重視の証拠である。ウラで糸をひく財務省にとっては、もちろん国民よりも、天下り先の金融機関のほうが大事なのである。

経済波及のラグを考えないと経済運営はできない

先にも述べたように、経済政策をやるときに、みんな瞬時に全部起こるというのは間違いで、何かが起こるには半年から一年くらいかかる。経済動向は一朝一夕でわかるものではない。その次の話が起こるときは、またちょっとかかる。そのため、どうしても目先の利益に飛びついてしまいがちだ。

ただ、そんな感じで経済波及（連鎖反応）のラグを考えない人は、経済運営ができない。金利もそうだが今あげてもすぐ変わるわけがなく、ちょっと後で変わるのだ。時間軸でずっと長く見ていかないと、なかなか経済はわかりにくい。

こういうのをラグ構造というのだが、そういうことが頭に入って、どのくらい先からこうなるかと思いながらやるのが経済運営なのである。

方程式を解くように、これを解くと次の期はこうなって、その次の期はこうなってという感じだが、それが理解できないとなると、経済運営が難しいだろう。

植田さんを指名したのは岸田（文雄／元内閣総理大臣）さんだが、植田さんは世間的な通りがよくて、いうことを聞くから、日銀官僚のほうから結構推したというのを聞いている。

安倍・菅政権のときには、日銀から推した人ではなかった。自分たちが推した人だった。今のところ金融緊縮に合わせて植田さんはやっているから、ちょっと残念ではある。

ＦＲＢはインフレ率５％になってから、引き締めた。日銀はインフレ率２％を超えるとすぐ引き締めた。これはもう全然違う。２０２５年は１・９％といっているのだから、それだったら何もしなくていい。

これは金融政策の基本だが、日本もちゃんと失業率もちゃんと入れて、日銀に説明させた方がいい時代になっているのではないだろうか。それを入れないと、どんどんどんどん引き締めすることになり、結果として失業率が高まることにつながるからだ。

経済政策は、どうすれば「効く」のか
――「マンデル＝フレミングモデル」

経済政策について、何がどう作用して実体経済に影響するのか、ほとんど知らないという人も多いだろう。ＧＤＰギャップの説明で、「経済成長を促すような経済政策」として金融緩和と財政出動を挙げた（１０２ページ）。マンデル＝フレミングモデルは、なぜ金融緩和と財政出動によって経済成長が促されるのか、その因果関係を説明することで、適切な経済政策のあり方を理論化したものだ。

まずGDPの「内訳」を知ろう

マンデル＝フレミングモデルは、【図版５－５】で示したように、「金利が上がると〝投資〟と〝輸出〟が減るため、変動相場制のもとでＧＤＰを増やすには、単独で行

【図版５－５】マンデル＝フレミングモデル

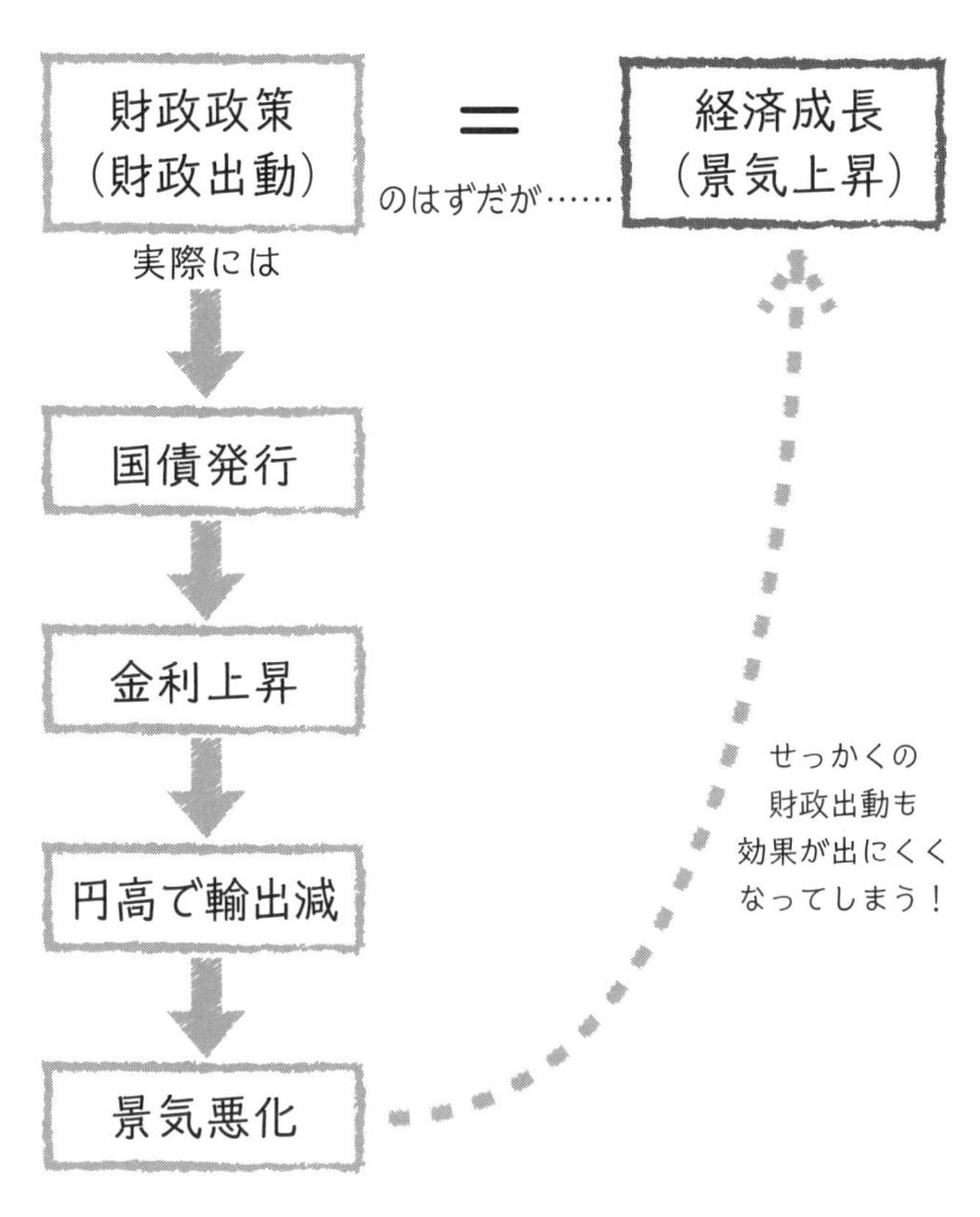

・金利が上がると“投資”と“輸出”が減るため、
変動相場制のもとでGDPを増やすには、
単独で行う財政政策（財政出動）では効果がない

う財政政策（財政出動）では効果がない」というものだ。「単独で行う財政政策では効果がない」ということは、つまり、金融政策（金融緩和）も合わせて行う必要があるということである。

さて、本当は、マンデル＝フレミングモデルも数式一つで表現できるのだが、やはり、あえて言葉で説明していこう。これから説明する内容をしっかり頭に入れていけば、「金利が上がると投資と輸出が減るため、変動相場制のもとでＧＤＰを増やすには、財政政策（財政出動）と合わせて金融政策（金融緩和）を行うのが効果的」の意味がわかるはずだ。

マンデル＝フレミングモデルを理解するには、

①「なぜ、金利が上がると投資と輸出が減るのか」

②「なぜ、『変動相場制のもとでは』という条件つきなのか」

という、大きく二つのポイントがある。これらがわかれば、マンデル=フレミングモデルは、じつにシンプルに理解できる。

まず、ごく初歩的な知識として、いままでにもさんざん出てきたGDPとはいったい何なのかをあらためて話しておかねばならない。GDPとは「Gross Domestic Product」の略であり、「国内総生産」の意であることは知っている人も多いと思うが、では、何をもって国内総生産と呼ぶのか。

辞書的には「ある一定期間に国内で生み出されたモノやサービスの付加価値の合計額」などと定義されるが、わかるような、わからないような、という印象を抱く人が大半だろう。

GDPを理解するには、その内訳を知るのがいちばん手っ取り早い。

国内では日々、さまざまな経済活動が行われている。人々は働いてモノやサービスを生産し、報酬として得たお金で消費したり投資したりする。投資にはもちろん、企業の設備投資などもある。また、貿易会社は海外との輸出事業と輸入事業を行っている。輸入は国内に入ってくるお金(を生み出すもと)、輸出は国外に出ていくお金

（を生み出すもと）だ。さらに公共事業など、政府が生み出す需要というのもある。

今までサラリと「ＧＤＰ」といってきたが、ＧＤＰの内訳は、今、挙げたものすべてである。つまり**「ＧＤＰ＝消費＋投資＋政府需要＋輸出－輸入」**と定義できる。

これを頭に入れることが、マンデル＝フレミングモデルを理解する出発点だ。

財政出動すると何が起こるか――カギは「金利」

では、マンデル＝フレミングモデルの一つ目のポイント、「なぜ金利が上がると投資と輸出が下がるのか」を説明していこう。

まず、そもそも金利とは、どんなときに上がるものなのか。もちろん要因は一つではないが、ここで重要なのは、国債発行との因果関係だ。いまもいったように、「ＧＤＰ＝消費＋投資＋政府需要＋輸出－輸入」だ。マンデル＝フレミングモデルは、経済政策の効果のメカニズムを説明するものだから、このＧＤＰの内訳のうち、注目したいのは「政府需要」の効果である。

経済政策には、〝財政政策〟（157ページ）と〝金融政策〟（152ページ）の二種類があるのは、先にも述べたとおりだ。景気が悪くて成長が低迷しているとき、財政政策としては「減税」か「財政出動」が行われる。このうち「財政出動」とは、公共投資などを行って世の中に仕事を作り出すことだとも説明した（158ページ）。これが「政府需要」である。

つまり、**不景気対策としての財政政策は、「国民からとるお金を減らすか」「国民に分配するお金を増やすか」の二択**ということになる。

ここで、財政出動つまり公共事業によって政府需要が増えると、失業者は減り国民の所得は増える。すると、どうなるだろうか。

より所得が多くなれば、より多く「消費」するのが人間だ。消費するのは国内で作られたものだけとは限らないから、当然、海外からの「輸入」も増える。「輸出」は、ひとまず不動としておこう（その理由は、読んでいけばわかる）。

さらに、政府需要増によって経済がより活発になれば、民間の「投資」もより盛んになるだろう。個人の株式投資や住宅投資、企業の設備投資などだ。

まとめると、**GDPの内訳のうち「政府需要」が増えれば、必然的に「消費」「投資」「輸入」も上がる。**輸入は、GDPでマイナスされる要素だが、だいたい消費の6割程度の額と考えていい。

つまり、輸入は必ず消費より小さい額になるから、政府需要が増えることで消費と同時に輸入のマイナス分が増えても、すべての和であるGDPは増えるわけだ（そのため、以降、GDPの内訳は「（消費－輸入）＋政府需要＋投資＋輸出」と表記する）。

だとしたら、GDPを増やすには財政出動をどんどん行えばいい、ということになるのだろうか。それが違うのである。カギは「金利」だ。**「政府需要が増えれば、（消費－輸入）も投資も増えて、輸出は不動」という話には、「金利が変わらなければ」という前提条件がある**のだ。

先に、財政出動は国債の発行などをして行うと説明した。そして現実には国債が発行されると、金利は上がるのが通常だ。これがまさに、マンデル＝フレミングモデルで「金利が上がると投資と輸出が減るため、変動相場制のもとでGDPを増やすには、単独で行う財政政策（財政出動）では効果がない」とされる理由なのだ。

ここまで読めば、マンデル＝フレミングモデルの一つめのポイント「なぜ、金利が上がると投資と輸出が減るのか」も想像がつくのではないか。

まず理解しやすいのは、投資が抑えられることだろう。たとえば企業にとっては、設備投資のために民間金融機関から借りるお金に、より多くの利子がついてしまう。個人の住宅投資なども同様だ。そうなれば、投資には歯止めがかかる。

また、金利が上がると、輸出は減る。これは、金利が上がると「円」の人気が高くなり、円高になることによる。投資家は、金利が高いほどに儲かることになる。そのため、日本の金利が上がると円が好まれるようになる。そして、為替も需要と供給のバランスで決まるから、円がより好まれれば、円の価格はより高く、つまり円高になる。

輸出は、国内で生産されたものを海外に売るということだが、これは円を売るのと同じだ。買うほうからすれば、誰も、あえて高い買い物はしたくない。だから、財政出動によって金利が上がり、円高になると、輸出は減るのだ。

では、金利上昇と円高によって、輸入はどうなるか。輸出とは逆のメカニズムが働き、輸入は増えそうだと思うかもしれないが、それは微妙なところだ。

これで、マンデル＝フレミングモデルの一つめのポイントは理解できただろう。財政出動に、金利上昇はつきものであり、金利が上がると投資と輸出が減る。したがって、「財政出動によってＧＤＰが増える」というロジックは、あまり筋がよくないことになる。財政出動だけでは、効果が出にくいのだ。

もし金利が動かなければ、政府需要増によって（消費－輸入）も投資も増える。しかし現実には、政府需要が増えると金利が上がる。そのため、政府需要が増えることで（消費－輸入）は増えても、投資と輸出は減る。いってみれば、投資と輸出の抑制に足を引っ張られる形となり、財政出動によってＧＤＰが増えるかどうかは微妙になってしまうわけである。

財政出動は「金融緩和とセットで」が正解

では、どうすればいいか。そこで登場するのが、もう一つの経済政策、金融政策だ。

ＧＤＰを増やしたいときには「金融緩和」という政策が実施される。結論からいえば、この金融緩和が、財政出動の微妙なところをうまくカバーして、ＧＤＰ増加につながるのだ。つまり**ＧＤＰを増やしたいのなら、財政出動と金融緩和をセットで行うのが正解**である。

金融緩和が行われると、「お金が新たに刷られて、増え、金利が下がる」のは先に述べた通りだ。

金利が下がれば輸出にどういう影響が及ぶかは、もうわかるだろう。先ほど説明した「金利上昇↓円高↓輸出減」と逆のメカニズムが働く。つまり、金融政策によって金利が下がると、投資家の円買いが抑制され円高になりにくくなるのだ。

財政出動のＧＤＰ押し上げ効果が微妙になってしまう要因は、国債発行による金利上昇だった。ということは、金利上昇という難点をうまく抑えるのが望ましい。その効果を発揮するのが金融政策というわけである。

財政出動には金利上昇作用があり、金融緩和には金利低下作用がある。セットで行うと、金利に対する作用が相殺されるようなものだといったら、イメージしやすいだろうか。

◆金融緩和をセットで行うと……

● 日銀が民間金融機関から国債を買う

➡ 民間金融機関の資金は減らない

（事実上、財政出動で政府に払った国債費は帳消しになる）

➡ 金利ほぼ不変

＝財政出動のデメリットＡを抑制

● 日銀が民間金融機関から国債を買う

➡ 民間金融機関の資金は減らない

（事実上、財政出動で政府に払った国債費は帳消しになる）

➡ 金利ほぼ不変→為替ほぼ不変

＝財政出動のデメリットＢを抑制

財政出動＋金融緩和

＝「（消費－輸入）」増＋「政府需要」増＋「投資」ほぼ不変

＋「輸出」ほぼ不変

＝ＧＤＰ上昇

【図版5－6】財政出動と金融緩和

*GDP＝(消費－輸入)＋政府需要＋投資＋輸出

◆財政出動を行うと……

● 「政府需要」増 ➡ 仕事が増えて人々の所得が増える
➡「(消費－輸入)」増

● 民間金融機関が国債を買うことで、資金が政府に流れる
➡ 金利上昇→「投資」減
＝財政出動のデメリットA

● 民間金融機関が国債を買うことで、資金が政府に流れる
➡ 金利上昇 ➡ 円高 ➡ 「輸出」減
＝財政出動のデメリットB

だから【図版5－6】（201ページ）にまとめたように、投資減、輸出減は回避され、GDP増加につながるというわけだ。

財政出動は金利上昇を招き、投資減・輸出減につながる。

この因果関係がわかれば、「GDPを上げるには、単独で行う財政政策（財政出動）では効果がない」というマンデル＝フレミングモデルの要諦は、ほぼ理解できたことになる。

変動相場制か固定相場制かで、経済政策の効果は変わる

では、もう一つのポイント「なぜ、『変動相場制のもとでは』という条件つきなのか」を説明しよう。

GDPを増やすには財政出動と金融緩和の合わせ技が有効というのは、すべての国に当てはまるわけではない。経済体制は国によって異なり、体制によって経済政策の行い方や作用は違ってくるからだ。最初に答えを明かしてしまうと、固定相場制をとっている国では、財政政策だけでGDPを増やすことができる。マンデル＝フレミン

グモデルが「変動相場制のもとでは」という条件つきになっているのは、そのためだ。
ではなぜ、固定相場制のもとでは財政出動だけでいいのか。今までの話をちゃんと理解していれば、これもわかるはずだ。

やはりカギは「金利」である。

まず、なぜ、GDPを増やすには、財政出動と金融緩和をセットで行うのが正解なのか、前の説明を思い出してほしい。それは、財政出動だけだと金利が上がって投資と輸出が減ってしまい、GDPを効果的に押し上げることができないからだ。

つまり問題は、金利が動くことだ。金融政策は、日銀が民間金融機関から国債を買うことで、金利上昇を抑える。これをもって、財政出動による金利上昇、投資減、輸出減が回避され、GDP増加につながるのである。

以上はすべて、変動相場制での話だ。

変動相場制では、為替が金利に影響し、金利が為替に影響するという相互作用が働いている。この相互作用の片割れである為替が不動、つまり固定相場制だったら、そもそも金利は動かない。そして、そもそも金利が動かないのなら、「金利を動かさないようにするための金融政策」も必要ない。

だから、固定相場制のもとでGDPを増やすには、財政政策だけで事足りるわけだ。

そう考えると、金利が動かない固定相場制というのは、かなり強い金融緩和をつねに行っているようなものともいえる。

これで、マンデル＝フレミングモデルをきちんと理解したといっていいだろう。

ふんわりした理解だと、本項冒頭で挙げたような「財政政策には効果がない」とか、「財政政策（財政出動）は、変動相場制では効かないが、固定相場制では効く」といった、かなり足りないいい方になってしまう。これでは、何ら理解も説明もできていないのと同じだ。

ちょっとでも突っ込まれたら何もいえないだろうし、何より「変動相場制では、いくら財政出動を行っても効果がない」という思い込みに陥ってしまう。まったくロジックを理解していない、「わかったつもり」の末路だ。いっておくが、「変動相場制では、いくら財政出動を行っても効果がない」のではない。「変動相場制では、金融政策も合わせて行わなければ、財政出動は効かない」ということなのだ。

「財政出動は、変動相場制では金利の上昇を招いて投資減、輸出減につながるから、金融政策で金利上昇を抑えなければ効かない。一方、制度的に金利変動が起こらない固定相場制だったら、財政出動だけで効く」

今までの話をきちんと理解していれば、こういうロジカルないい方になるはずだ。このように正しく理解したうえで、最初に挙げたマンデル＝フレミングモデルの定義を読んでみると、どうだろうか。

「金利が上がると〝投資〟と〝輸出〟が減るため、変動相場制のもとでGDPを増やすには、単独で行う財政政策（財政出動）では効果がない」

最初に読んだときとは、だいぶ印象が変わっているのではないか。

「単独で行う財政政策では効果がない」とは、「財政出動だけだと、金利上昇が投資と輸出の足を引っ張るから、金利を上げないために金融緩和が欠かせない」と理解するのが正解なのだ。今なら、それがすんなり理解できるだろう。

財政出動と増税を同時に行うのは「愚策中の愚策」

マンデル＝フレミングモデルを理解したところで、少し現実社会にも目を向けてみよう。すでに読者もわかっているように、ＧＤＰを増やすには、財政出動と金融緩和をセットで行うのが効果的だ。

不況時の財政政策は「減税」か「財政出動」、つまり「国民からとるお金を減らすか」「国民に分配するお金を増やすか」の二択である。

そう考えれば、いかに増税が意味不明で愚かな策であるかも、わかるだろう。政府は、機動的な財政支出で「国民に分配するお金」を増やしておきながら、一方では、増税で「国民からとるお金」を増やしてしまうことになるからだ。

たとえば消費税が上がれば、消費は冷え込んであたりまえだ。そして消費が冷え込めば、ＧＤＰ増加は望めない。これも、ＧＤＰの内訳を知っている今なら、すぐにわかるはずだ。

「財政再建のための増税」は必要ない

あえて増減税の適切なタイミングをいうならば、当然、冷え込んでいるときは減税、過熱したら増税に決まっている。とくに消費税は、ダイレクトに国民に負担を強いる。増税して財政支出するというが、要するに国民から巻き上げたお金を、また国民にばらまくだけのことだ。したがって経済が冷え込んでいるときの増税は、マイナス成長か不毛に終わるかの二つに一つしかないのだ。

経済が冷え込んだら金融緩和、熱しすぎたら金融緊縮、これですむ。

本来、こういう金融政策こそが、景気対策の担い手であるべきなのだ。よく「財政再建のための増税」などといわれるが、これも金融緩和で十分である。**適切な金融政策によって経済全体を上向きにすれば税増収にもつながるため、そもそも増税など必要ないのだ。財務省にダマされてはいけない。**

経済成長によって税増収を実現するというのは、世界的にも一般的な方法である。企業の業績が上がり、個人の収入が増えれば、当然、納税額も上がる。所得税には所得再分配機能があるので、全体の所得税の税収が上がれば、さんざんいわれている個人間の経済格差も軽減される。

増税で国民に負担を強いるか、企業や人の懐具合を温めるか、同じ税増収でもどちらがいいだろうか、という話だ。

6章

何が何でも
増税したい！
「財務省のウソ」

今日も経済成長に逆行する財務省

2024年7月時点で税収が72・1兆円で4年連続最高となった。景気のいい話だが、私は一年近く前からいっている。税収を見積もった際、財務省は69兆といっていたが、為替の話などを考えたときに、それはありえないということも指摘ずみである。マクロで見ると、円安によって企業収益が上がって、最高の税収になったとされている。ただこれは財務省だったら、みんな知っている。円安になると、企業収益が上がって税収が上がるというのは、昔からそうであり財務省には算出式もある。ただ、それが財務省にとって大変おもしろくない話であるのは、先にも書いた通りである。

普通だったらこういうときには、いろんな補助金をチョロチョロ配るのではなくて、減税するのがいちばん簡単だ。2024年の6月に減税があったが、本来ならば2023年の12月にやって、2024年の6月には消費減税などをすればよかったのだ。

そうしたところで、税収は増えていくのだから大したことはない。

昔の財務省であれば、成長減税などといって税収の上振れをほうっておくことはせず、経済政治の結果だから国民に返してあげようというのが多かった。そういう成長減税みたいなことを、すればいいのではないかと私は思っている。

いまの財務省としては、基本的に減税はすべてイヤだが、とくにしたくないのが消費減税なのだ。勢いがついて、みんなが文句をいい出し「減税したままにしろ」という議論になってしまうからだ。所得減税のほうがまだいいが、できれば所得給付金にしたいというのが、財務省の基本スタンスなのである。正直な話どれでやっても似たり寄ったりだが、財務省としては消費税だけは絶対にイヤ。そういう風な変なバイアスがある。

まあ、もらう方からしたら、お金に色がついているわけでもないし、ハッキリいえばどれでも一緒ではある。やってくれれば何でもいい。とにかくタイミングを誤らないことが、大事なのだ。


消費税の減税は、軽減税率を入れるときに、レジの電産化をし簡単にできることを知ってるから私もいっている。8%の軽減税率をうまく調整するのは簡単で、そうすれば日本経済はみるみる上がっていく。

財務省はいつも「財政余力がないから、インフラなどを保つためにも、これから増税が必要です」となどという。しかし、日本の財政はG7でいちばん悪くないどころか、2番目にいいのは先に説明した通りだ（126ページ）。

また、財政力は全然狭まっていないのだが、金利が上がるかもしれないから、利払い費が多くなって財政力がなくなるという話もよくいわれる。ただ、金利が上がったときに利払い費は増えるが、資産がたくさんあれば、その運用収益が増えるから、財政に悪影響は与えない。そういう意味で財政力は狭まらない。

この際公共投資をたくさんして、経済を上向きに持っていった方がいい。むしろ、何度もいうように財政力がないのであれば、インフラに対しての公共投資が必要なのだが、増税しましょうという話に財務省は持っていこうとする。

いつもの財務省さまの論理そのままである。

私は官僚時代、金利が上がったときに財政の状況がどうなるかという、「感応度分析」を計算していた。その当時から、資産の運用利回りが増えるから、金利が上がっても財政は悪くならないと、ずっといっていた。

財政余力がないから、増税して余力をつけて、それでインフラ整備しましょうというのはいろいろな意味で間違っている。財政余力のある今、国債を出して公共事業をして、経済を上向きにした方がいいというのが答えである。

南海トラフ地震注意情報を機に増税を目論む

現状の科学では、天気予報のように場所と時間を特定して地震を予測するのは難しい。それなのに2024年8月の南海トラフ地震注意情報の件では、今後一週間は危ないからといって、新幹線を徐行した。私にはまったく理解できない。

新幹線についていえば、海溝に地震計をたくさん置いてあり、ある程度の地震が起こったら、すぐに自動的に止まるようになっている。徐行には意味がないのだ。

また、多くの人は、あの情報を「一週間以内は危ない」と受け取った。ちょうどお盆のかき入れどきに、キャンセルもけっこう出たということで、ビジネスをやってる人にとっては、踏んだり蹴ったり。気の毒なことである。

極めつけは、当時の総理である岸田さんの中央アジアの訪問の中止である。

はっきりいうと、震災などの際には総理がいてもいなくても初期動作は同じ。総理に全部、指示を仰ぐわけではない。自衛隊の発動など、やることはすべてマニュアル化されている。むしろマニュアル化されていなかったら、とてもではないが国は回らない。それなのに万全を期して一週間は国内に留まると、わけのわからない理由でドタキャンしてしまった。

実はこの中央アジアへの歴訪はかなり重要な会議で、カザフスタン、ウズベキスタン、モンゴルと、中央アジア3か国との初の首脳会合を開く予定だった。この国々はロシアとか中国とも違っていて、資源などそういう意味でも、これからかなり重視していくべき国なのに、初の首脳会談をドタキャン。

その理由が理由にもなっておらず、驚きを通り越してあきれてしまった。

相手の国も受け入れ万全にしてたのに、ドタキャンされてかなり驚いたと思うし、内心あきれているだろう。

地震が起こったならそれはわかる。日本国内のことに専念してくださいと、誰でもいう。でも起こってない。天気予報よりはるかに劣る精度で、起こるかもしれないという話。どんな国だって、地震が天気予報レベルでは予知できないと知っている。

人気取りのためにドタキャンしたのか、国民を煽っておいて、自分が行ったらまずいということなのか、はっきりしているのは重要な外交をありえない話でフイにしたことだ。国民を煽らなければ、別に中央アジア歴訪に行ってもよかったのだ。

しかも、その後の能登豪雨の際には、それこそ地震よりもはるかに高い、かなりの確度で豪雨の予報が出ているにもかかわらず、自身の総理卒業旅行とばかりにアメリカに行ってしまった。

もちろんこういうような注意情報を、無視しろといっているのではない。それをきっかけとして、再チェックするという意味はある。

このような情報が出たけど、日常生活においてはそのままにしてくださいと。ただし念には念を入れて、こういうときにいろいろと自分の備えをいま一度確認してくださいと。そういえばよかった。

まったく、わけがわからない。

こんな顛末になるのだったら、財務省も財政の余力がないなどとバカなことをいわず、津波タワーなどの避難設備をどんどん造るとかしたほうがいい。

避難設備は普段ほかの施設に使うことができる。たとえば江ノ島の場合だと江ノ島水族館や周りの建物が避難設備である。そういうものを造って、普段は普通の施設として運営して、地震が来たら避難場所として活用すればいいのだ。

「何かあったら、ここに逃げましょう」と周知しておけば、恐怖も半減するだろう。

たとえば津波が怖いのは、逃げるところがないことだ。高台に逃げるといっても、高台がなかった場合に津波タワーが役に立つ。

南海トラフで津波が発生する可能性が高いところは、津波タワーをそこそこ造っている。それをさらに作って、通常時は普通の施設として活用し、逆に地域振興の拠点にしたっていいくらいなのだ。

せっかくなら公共投資のきっかけにすればいいのに、逆行するような全然違うような話を、財務省は今日もどんどんどんどんしているのである。

遅すぎた定額減税。財務省が次に狙うものとは

定額減税は2023年12月にやるべきだったと、先に述べた。そのときは、まだ経済がよくて絆創膏を貼り付ければ済んでいた話だった。けれど、傷口がバクッと開いてしまい、2024年6月には絆創膏では止血は難しいという状況になってしまった。なぜこういう風に、いつもタイミングがずれるのだろうか。

木原（誠二／当時の内閣官房副長官）さんがテレビで「来年も減税するかも」といったら、すぐ当時の財務大臣がバシッと否定した。これは完全に「やらないよ」と、**大臣の口をつかって財務省がいった**ということになる。

つまりこの時点で、財務省はもう岸田政権がそんなに長くないと見込んでいたのだろう。事実その読みは当たった。もうちょっと岸田政権が長いと見込めば、木原さんがいった話を言下に否定することはなく、遠回しにゆっくり否定するはずだからだ。

定額減税を２０２３年の12月にやらずに、２０２４年の6月に回して、傷口が広がったのは事実だ。おまけに3月になって給与明細に書けという話で、12月の年末調整だったら、自動的に書けたのにと違和感が残る。なんでもそうだが、事務処理は年末調整がいちばん簡単なのだ。なぜ、事務処理の簡単な年末調整のときに、やらないのかと不思議でならない。タイミング的にも２０２３年の10月から検討していたのだから、年末調整にちょうどぴったり合う。

電気代は上がるは、ついでにいうと子ども子育て支援金も上がって、ステルス増税がすさまじい。

ウラにはいつも「財務省」

とにかく増税が大好きな財務省。次のステルス増税の可能性の一つとして狙っているのが、配偶者控除の見直しだ。２０２４年11月現在、議論も加速してきている。

表向きは、配偶者控除があって配偶者特別控除もあると、１００何万円の壁になってしまうからというういい方をしているが、果たしてどうなのか。

では、海外はどうなっているかといえば、こういう制度はあんまりなく、アメリカやドイツでは2分2乗方式の単位課税を採用している。

2分2乗方式とは、夫が仮に300万円稼いで妻は稼いでいない場合、150万円ずつ夫婦で稼いだというかたちにして税金を課すやり方である。

だいたい所得税は、所得が高くなると税率が高くなるため、一般的には150万・150万とした方が税率が低くなって、税額が少なくなる。そうすると何も問題はなく、壁にならない。

フランスはN分N乗方式をとっている。

たとえば、子どもが3人いた場合、300万円だったら、夫婦2人と子ども3人で計5人で割り算するとみんな60万円ずつ。そうすると、ほとんど税金を払わなくていい。

私はそういうやり方もありだと思うが、財務省がこの方式を採用しない理由は、かなりの減収になってしまうためである。だからやらない。

こんな簡単な制度で、事実他の国でみんなやっているから、これでいいのではないだろうか。

ようやく、配偶者控除の見直しだなどといっているが、おそらく財務省的には、うまく増税になるような仕組みを考えついたのではないか。財務省は思っているよりずっと悪辣で、頭もそこそこいい。ずっと検討を重ねて、一見海外と同じようなN分N乗方式なのだが、税額が増えるようなやり方を思いついたのだろう。

これが控除というかたちになれば、本当にステルスになってよくわからなくなる。つまり、ごまかされてしまう。

電気料金についても、それ自体はわかりやすく、ほとんどみんな払うものであり税金じゃないといえば、それきりではあるがちょっとずるい。

また、子ども子育て支援金は本当は税だと思うが保険料でもない。本当にわけのわからないことをやる。さらに次にくるのが、配偶者控除の見直しだろう。よくよく気をつけなければいけない。

岸田さんは増税メガネといわれて、盛んに増税じゃないと弁明していたが、確かに増税ではない。それにとどまらず、その上をいくステルス増税メガネだったからだ。

だから日本経済のＧＤＰが全然伸びなかった。

定額減税をうまいタイミングでやらなかったのも、景気がよくなくなってきている理由の一つであることを、今一度いっておく。

そして、そのウラにはもちろん財務省がいるのだ。

コロナウイルス感染症対策で復興増税を阻めた理由

2020年、新型コロナウイルス感染症対策（以下／コロナ対策）の公的資金がいくら必要かという相談が、当時の総理大臣である安倍さんからあった。

もうすぐ（2020年の1月ぐらい）から大変なことになるということで、安倍さんはじめみんな焦っていた。私もまったく同じ問題意識で、これは世界的に大恐慌みたいになるなという感じを持っていた。

じつは、安倍さんが私に相談する前に、財務省が各省庁に「コロナ対策でいくら必要か」と聞き、積み上げたものがあった。その額、10兆円～20兆円。ただ、現場で計算などもできないため、まともな金額を答えられるはずもない。しかし、財務省にとっては「各省庁に聞き取りをし（理由を聞い）たらこうなった」という、大義名分がある。

非常に悩んだ安倍さんが「髙橋さん本当はどうなの？」といい、私からはまず「コロナ対策をほっておいたら、どうなるか」という話をしたうえで、「(コロナ対策で)必要なのは１００兆円レベル」と答えた。

「有効需要の原理」で、コロナ対策をすれば当然経済活動は落ちる。ＧＤＰがどの位落ちるか推計し、それを復活するのにどのくらい公的資金が必要かという全体の数字を伝え、この１００兆円を補わないとその後失業が激増するだろうと伝えたのだ。そうしたら、１００兆円規模でということになった。

このとき、こういうデータに基づいた具体的な数字を、他にいう人はいなかった。財務省のいうがままだったら10兆円～20兆円のレベルだったろう。

その上、財務省は「元々供給能力が低くなってるから、(これ以上の支出は)ハイパーインフレになりますよ」と、脅しともとれることをいってきた。私としても、本当にハイパーインフレになってしまったら信用は失墜し、財務省には「ホレみたことか」と、ここぞとばかりに猛烈に攻撃されるのが目に見えているし、そもそも国民の生活を過酷な状況にさらすことなど、あってはならない。

どのくらい財政出動したら、インフレになるかということを、慎重に慎重を期して計算したところ、150兆円ぐらいまでは、大丈夫ということが確信できた。

そこで、100兆円では有効需要を埋めるだけ、150兆円までは大丈夫ですということをいった。そしたら、安倍さんは安心されて、ではそれでということでまとまった。

一方で100兆円といった場合の、財務省からの反応は「これでは、不正支出がたくさん出ますよ」というものだろうとわかっていた。

ただ、最初からGDPギャップをなくして、失業率の低下を少なくする目的でやっている。有効需要の原理は何やってもOKで、中身ははっきりいってどうでもいい（226ページ）。あとは各省庁にやらせてたらいいと伝えた。

その代わりその過程で変なのが必ず出ますと。また、不正支出もあるだろうと。それはもうしょうがない。スピードには代えられないので、不正支出は事後でチェックしてくださいといったのだ。

事実、その後に不正支出もあった。

ただ、とりあえずはお金が目の前にないと、もうどうしようもなくなって、首が回らなくなったら、本当に企業倒産とか失業とか激増して、もっと大変なことになりますよとそういう話をしたのである。おそらく１００兆円ぐらいやれば、大きな失業は起きにくいという計算もできていた。

でもその後また、財務省が何をいい出すかはわかっていた。国債などを使って１００兆円出すんだったら、これを全部返すために増税だというに決まっている。

財務省はいつだって「自分たちの利益（天下り）」が最優先

国民がこれだけ苦しんでいるのを目の当たりにしても、「自分たちの利益（天下り）が最優先」という財務省の姿勢には、悲しい話だがもう慣れている。以前にも、こういうことがあったからだ。

東日本大震災のときも、まったく同じだったのだ。

一応国債は出したが、財務省は抜かりなく償還のための復興税も一緒に作った。

このコロナ対策の１００兆円で復興税を作られたら、たまらない。１００兆円という話を持ち出すと同時に、復興税を作ろうとする財務省の目論見を、理論的に全部ツブす必要があった。

私が安倍さんに伝えたのは、今回も国債を出すけど、すべて日銀で買ってくださいということだった。そうすれば利払費はすべて日銀に行って、全部戻ってくるというロジック。この手法は結構斬新といえば斬新で、こんなことはやったことがなかったが、結果的にはこのロジックで復興増税の道は全部閉じた。

あとは財務省が「ムダが多くなる」という話をしていたが、「足りなくて大変になるぐらいだったら、財政負担はないのだから、極端にいえばムダでもいいだろう」と、反論した。

有効需要の原理で「失業を抑えるためには、穴を掘って埋めてもいい」っていうことをケインズがいっている。今回のコロナ対策が極端な話たとえムダになってもなっても、それは失業を防ぐためだからいいということをずいぶんいった。

私はそんな感じの強烈なロジックでいったが、安倍さんは髙橋さんの話はすごく分かるけれど、もう財務省の人はメンツ丸潰れでみんな興奮してしまうからと、「その話、決まるまでは外で絶対にいわないで」と念をおされ、4月に対策した後に「もういいよ」と、「100兆円は表に出してもいい」といわれた経緯があった。

財務官僚を黙らせるのは、本当に大変だった。結果的には安倍さんのときに補正予算2回30兆円、30兆円の計60兆円で安倍さんは菅（義偉）さんに総理をバトンタッチした。

その後で菅さんは私を官房参与で召して、ひと言目に「髙橋さんあとコロナ対策いくらやればいいの？」というご下問をされた。

もちろん100兆円の話は菅さんもよく知ってたから、安倍さんのときに30兆円30兆円で60兆円やりましたから、菅さんのときは40兆円ですっていっておしまい。

私はもうそれで、この件についてはお役御免となった。


じつはウラに私がいるというのは、結構みんな知っていたらしいが、安倍さんは絶対に私を矢面に立たせないで、「いいよ表に出なくていいよ」といってくれた。こんなの表に出てやらされたら、大変だった。

全部理解してやってくれたが、100兆円規模の経済対策なんて前代未聞で、こんな例はまったくない。私が有効需要といい、どのくらいGDPギャップが広がるかということを推計して、それを戻すために失業がなるべく少なくなるような数字を伝えたものの、今までの経済対策では例がないことだったのだ。

しかも財政負担なしで、増税なしで、日本は先進国の中で失業率の上昇が最も少なかった。他の国は失業率がすごく上がったけれどほとんど上がらず、世界的にはかなり評価されたが、国内では私のことを3度殺しても殺し足りないほど嫌っている財務省の思惑通り評価されない。

でも失業率が上がらず、財政負担もないから、うまくやったとしかいいようがないのだ。うまくいって本当によかった。

財務省もびっくり！恥の限界突破を果たした税金その名は「森林環境税」

森林環境税として、2024年6月から1人年額1000円がまた取られる。はっきりいってこれはけしからん話で、税理論からもまったく正当化ができない。こんなのがまかり通っているのは、変だ。

話は2019年の安倍政権のときにさかのぼる。

税制の話になると政権の首相ですら、あまり関与できない。自民党のインナー（政策分野ごとにある調査会や部会にかかわる、一部の限られた幹部たち）というのが、ものすごい力を持っているためであり、そこに官僚が仕掛けていったのだ。

ただ、これまた財務省の策略かと思いきや、総務省がメインである。

意外かもしれないが、じつは税制調査会は総務省と財務省で回しており、何種類かある震災復興税のうち、所得税に0・21％引かれて払うのは財務省の管轄。住民税は各自治体の話だが、国としてなにかを制度にするときには、総務省の管轄となり地方税の扱いとなる。その住民税に、震災復興税としてプラスして年額1000円を払っていたが、期限が切れる。期限が切れるから今度は森林環境税として、国税として国民に払ってもらおうと、総務省のやつらが考えたのだろうというのは想像に難くない。

同じ1000円なら、わかりはしないだろうと思ったのである。

国税でとってもしょうがないから、総務省はそれをすぐに交付金で各自治体に払うという。総務省からすると、今まで住民税として取っていて地方自治体がやっていたことをそのままにして、自分のところ＝総務省を経由して払うというかたちで、恩を売るという話である。悪の親玉財務省も真っ青の、あらゆる意味でひどい話が、どさくさ紛れで通ってしまった。

地方としては、今まで住民税の1000円上乗せは、自分のところですぐ使っていたのが、今度は森林環境税といっているため、何に使っていいかわからない。

これは東京都ももらっているけど、今のところは使っていない自治体も多く、基金として積み上がっている。

森林の関係で使えといわれても、森林がないところもある。東京だと森林は多摩のほうに行かないとほぼないため、23区はお金をもらっているだけになり、非常に変な税金であることは間違いない。

また、元々地方では森林税というのがあり、たとえば横浜市もとっている。さらに神奈川県としても森林税をとっている。さらにこのたびの森林環境税（国）。二重どころか三重で、もうわけがわからないが、場所によってはほとんどないにもかかわらず、森林に対してめちゃくちゃ税金を払っているというわけだ。

じつは二重課税の典型として、市ではなく県で取ってるところは多い。40県弱あったと思う。

総務省は応益税と応能税を理解していない？

そもそも国税としての森林環境税は、その名の通り森林のいろんな保護とかそういうものを目的としているので、「応益税」（個人の便益に応じて払う税）である。

応益税は、税の理論でいうと地方税のみ。「これこれをしますから、メリットのある人は払ってください」という意味なのだから、それはそうである。

これを国税でやるのは、そこからして間違いなのである。

所得税が典型な例だが、国税は応能税（個人の支払い能力に応じて払う税）であり、国税でこのような応益税を取っているのは、いままで聞いたことがない。

さすがの財務省もかっこ悪すぎて、こんなことはいえないはずだ。

総務省のよくわかってないやつが、「いいこと思いついた！」とばかりに得意気にいい出したのだと思われる。だから主犯は総務省。

ただ、一緒に税制改正大綱をやってるから、財務省は共犯である。こんなの税理論から見ても、恥ずかしくていえないような話だが、税金はとれるし財務省が主導したわけではないので、赤っ恥をかくのは総務省。気がついていないフリをしているのかもしれない。

地方税として従来住民税でとっていたのを、国税に振り替えてやるなんてどこからそんな発想が出てきたのだろうか。住民税だから住民税の1000円上乗せが終わったら、それでおしまいというのが普通だろう。

そこに総務省が知恵をつけたというか、悪知恵――いや、悪辣といってもいい過ぎではない。話にならない。国税に振り替えた。でも、こういうのは振り替えてはいけない。そもそも租税理論を完全に無視している（無知なだけかもしれないが、それはそれでお粗末な限りである）。振り替えてはいけないのに振り替え、総務省が使いきれないから、地方自治体に交付金で返しているが、こんなのとんでもない税制度だ。

あらゆる意味で、過去にも海外でもなかなか見当たらないほど、ひどい税金である。

財政論を勉強している大学生でも、国税は応能税で地方税は応益税だとみんな知っている。教科書にも書いてある大前提だ。

租税理論をやっているときに、国税と地方税は何が違うのかといえば、国の方は所得再分配みたいなことがあるから応能税で、地方は行政サービスをたくさんするから、行政サービスに応じて税金を取らなくてはならないから応益税というのは、地方財政の教科書の最初に出てくる話だ。そのとき生徒から、森林環境税は国税なんですけど、どっちですか？　と聞かれたらアウトだろう。これは授業が成立しないくらいに、ひどい話だ。それなのに誰も指摘しない。要するに財務省と総務省に忖度しているのだ。

恥ずかしいなんてものではない。世の中にはこういうひどい話があるのだ。

自分たちの欲に目がくらんで、税金の理論すら無視して国民から税金という名目でお金を巻き上げる。詐欺まがいというか、本当にとんでもない話である。

こんなやつらに、恥を知れといっても、なにも響かないからこんなことをしでかすのだろうが、厚顔無恥の極みであろうと、「とんでもない話だから変えろ」と強く声をあげていかないと道理がまったく立たなくなる。

財政論をやっている人は、腰を抜かす

ただ、私の直感でいえば「総務省の話ですね」って、財務省は意外に簡単に手を引いてしまうかもしれない。さすがにここまでデタラメだと、財務省の名誉にかかわるほどに恥ずかしい。

いくらなんでも、やっぱり財務省は結構ロジックを重視するところだから恥ずかしいとなる。ただ、もはや、恥ずかしさを通り越して、ここまで厚顔だとむしろ別の意味で「すごい」と思ってしまいかねないのが、不思議でもある。

恥の限界突破をした税金、森林環境税。

普通に財政論やってる人が見たら、腰を抜かすような税金。何度でもいうが財政論の講義で、最初に絶対習うのが国の方は応能税で地方の方は応益税。

「先生、森林環境税は国税なんですけどどういうような税金ですか？」と聞いたらおもしろい。みんなアワアワとなる。その代わり単位がもらえるかもらえないかは私は知らない。

私であれば、こういういい質問した人にはもう優だ。「よく聞いた！　よく聞いた！」と。ただし一般には分からない。それは先生の性格を見て質問するにしろ、考えてほしい。

7章

「円安で儲かる」は世界の常識。でも財務省は動かない

金融緩和＝円安に振り向ける政策

金融緩和策（152ページ）は、為替にも影響する。

結論からいえば、**日銀が国債を買うと「円安」になる**のだ。

はたして読者のなかに、為替がどうやって決まるかをちゃんと説明できる人は、どれくらいいるだろうか。というのも、日本のマスコミが為替について説明する際には、ほとんどが「誰かの発言がきっかけで円安に動いた」程度であり、為替が決まるメカニズムにまで言及することは少ないからだ。

エコノミストが出てきて解説する場合でも、せいぜい日米の金利がこうなったから為替が動いた、などと説明するだけだ。

あたりまえの話だが、日本の経済は国内だけで回っているのではなく、海外ともつながっている。国内で作ったモノを海外に輸出したり、モノを海外から買ってきて国内で売ったりする。海外にはそれぞれの国の経済があるため、その国で出回っている通貨と円を交換しなければ、海外との取引は成立しない。

そこでご存じ「為替」の登場である。よく聞く「円安ドル高」「円高ドル安」といった話だが、わかっているようでわかっていない人が多い。

そもそも為替レートがどのように決まるか、知っているだろうか。

これは非常に簡単な話だ。ドルと円で考えてみよう。

まず、為替レートは「二つの通貨の交換比率」で決まる。字面から難しく感じるかもしれないが、要するにモノとお金を交換するのとまったく同じだ（142ページ）。つまり、物価が決まる仕組みと同様に考えれば、為替も理解できるわけである。**ドルの量と円の量のバランスによって、為替レートは決まる**のだ。

ここでふたたび出てくるのが、マネタリーベース（59ページ）である。円のマネタリーベースに対してドルのマネタリーベースのほうが多ければ、ドルの価値が下がって円が上がる。**少ないほうの通貨の希少性が高まるため、価値が高くなる**といってもいいだろう。これは**「マネタリーアプローチ」**と呼ばれ、国際金融では常識となっている考え方である。

このように、交換比率で決まる為替レートは、長い目で見れば、じつは単純な計算で予測できる。

円とドルの為替レートなら、円のマネタリーベースをドルのマネタリーベースで割り算すれば、1ドルあたり何円くらいかがだいたいわかるのだ。今の割り算では、小さな変動のすべてをとらえることはできないが、**長期的に見た場合、為替とは単にマネタリーベース同士の割り算**なのだ、ということは知っておいて損はない。

為替を複雑なものだと思っていたのなら、まるで冗談のように思えるかもしれない。

しかしマネタリーベースと為替の連動性は、データ的に整合性がとれていることなのだ。

算数で為替レートは計算できる

ただし、ここで述べる話は長い目で見れば成り立つということで、この原理を明日や半年以内の為替の予測に使ってはいけない。

正直にいえば、半年以内の短期の世界で、為替の動きはほとんどランダムに近く、正しく予測できる人は、神様のような超能力を持った人と考えてもいい。

前に物価は、モノとお金のバランスで決まると説明した。モノに対してお金が多くなればインフレとなり、モノに対してお金が少なくなればデフレとなる。これは、いい換えると、モノとお金のバランスによって、両者の価値が変わるということだ。

つまり、モノに対してお金が多くなれば、お金の価値が下がったということで、反対にモノに対してお金が少なくなれば、モノの価値が下がったということである。

これをドルと円に、置き換えてみればいいだけだ。

たとえば、量的緩和（176ページ）をすれば、当然、円が増える。ドルに対して円が多くなるということだから、円の価値が下がる。だから円安となるのだ。

円安になれば、輸出が伸びるため、総需要曲線が右にシフトする一因となる（【図版7－1】）。

また、量的緩和でなくても、金融緩和は結果的に世の中に出回るお金、すなわち円の量を増やす。したがって、**金融緩和そのものが円安に振り向ける政策**と考えていい。

では短期的な為替レートはどう決まるのかというと、これはまさに通貨の需要と供給がポイントとなる。

よく、「円に買い注文が集中して円高になった」などというが、「円が買われる」といっても、誰かがドルの札束を差し出し、円の札束を「買っている」のではない。実際には、**ドルを円に変換して、円建ての資産を買っているのだ。**

そのほとんどが、**国債だ。**たとえば**米国債を売って日本国債を買うことを「ドルを売って円を買う」というのである。**したがって、日々の為替変動は、どれだけドル建てや円建ての資産が売り買いされたのか、というバランスで決まると考えていい。

ドルに対する円の価値を需給曲線に当てはめると、【図版7－1】のようになる。

円の需要と供給のバランスによって円の価値が決まるから、Pは「ドル／円」、Qが

【図版７－１】為替の需要供給曲線

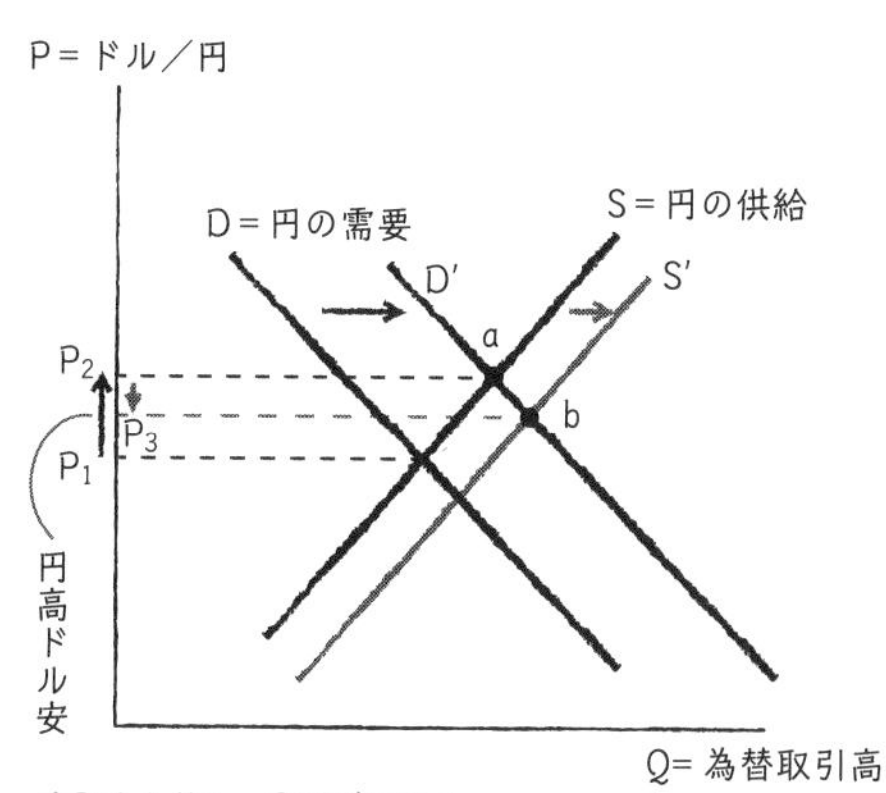

※Pは１ドル＝○円ではなく、
１円＝○ドルの図であることに注意。

「為替の取引高」となる。

たとえば、ドルがたくさん売られて、円がたくさん買われたとしよう。

これは、円の需要が上がるということだから、円の需要曲線が右にシフトする（D→D'）。相対的に円の価値が高まり、円高ドル安になる（P_1→P_2）、というわけだ。

為替市場では、日々、各通貨への需要がランダムに増えたり減ったりしている。

したがって、この需給曲線では、供給曲線より需要曲線のほうが、日々、細かく移動していると考えたほうがいい。

この需要曲線の動きが、どちらに振れるかは明確な法則性はない。この意味で、短期の予想はできないと前に書いたわけだ。

供給曲線が動くのは、中央銀行が金融政策をしたときだ。すでに説明したように、量的緩和や金利引き下げといった金融緩和がとられると、その国の通貨が増える。


たとえば、日銀が金融緩和をすれば、**【図版7－1】**（243ページ）の供給曲線が右にシフト（′S）する。これが、日々、円買いが増えて需要曲線が右にシフトし続けP_1からP_2へと円高ドル安が進んでいるときに行なわれれば、需要と供給が交わるポイントは、aからbへと移り、P_2からP_3へと円高を和らげることができるのである。

逆に、たとえばアメリカ政府が日本国債をたくさん買えば、円の需要が押し上げられ、円高ドル安になる。

このように、**自国通貨の為替相場を理想的に保つために国債を売買し、通貨の需要を動かすことを、「為替介入」と呼ぶ。**

過去50年間のデータを見ると、ドルに対する円のマネタリーベースの比が大きい年（ドルに対する円の量が比較的多い年）ほど円安、小さい年（ドルに対する円の量が比較的少ない）ほど円高になっている。

なかには例外もあるが7～8割の傾向は、このように説明できる。

データがこれほど高い相関性を示しているのだから、マネタリーベースと為替は連動しているといっていい。そう考えれば、算数で為替レートは計算できるのだ。

「近隣窮乏化」を知れば怖くない

某テレビ番組が200円の超円安になると、預金がおろせなくなるという話をしていた。また、すべて（物価）が2倍になるともいっていた。

円安になる。生活が大変だ。これはよく聞く話である。

それに加えて、財政出動（158ページ）をしなければならないが、その際に国債をたくさん出すから、ハイパーインフレになり預金封鎖つまり引出しができなくなる――というようなロジックだった。

ある意味、おもしろいといえばおもしろいが、相変らずのツッコミどころが満載のトンデモ論である。

確かにこのようなケースで財政出動するというのは、ないわけではない。

ただ、通常は国債発行ではなく、財務省の埋蔵金ともいえる外為特会（※）などで対応するため、ハイパーインフレにはならない。

では、なぜ、こんなトンデモ論が出るかといえば、「預金が引き出せなくなったときのために、こういう金融商品がいいですよ」という、金融機関のシナリオ誘導のためである。

もちろん、財務省はハイパーインフレなどにはならないのはわかっているが、素知らぬフリをしている。なぜなら**外為特会の話を持ち出されたくない**のと、何度もいうように**金融機関はおいしい天下り先**だからだ。

そもそも、「円安になって大変だ」という前提からまず違う。

「近隣窮乏化（Beggar thy neighbour）」という言葉を聞いたことがないだろうか。近隣窮乏化というのは、自国通貨安は自分の国だけ有利で、他の国が不利になるという話であり、これをきちんと理解していれば、円安などまったく恐れる必要はない。

古今東西より成り立っており、国際機関の計量モデルもあるが、多くの人は数式を見るとアレルギーを発症するらしいので（本書の担当編集者は、その筆頭格である）、

【図版7－2】各通貨安が自国・他国のGDPに与える影響（3年以内）

	日本	アメリカ	EU	中国
円 10%安	0.4～1.2% ↑	-0.2～0% ↓	-0.2～-0.1% ↓	-0.1～-0.2% ↓
ドル 10%安	-0.3～0% ↓	0.5～1.1% ↑	-0.2～-0.6% ↓	-0.3～-0.6% ↓
ユーロ 10%安	-0.2～0% ↓	-0.2～-0.1% ↓	0.7～1.7% ↑	-0.1～-0.2% ↓

出典：OECD's New Global Model

図表にまとめた（【図版7－2】／248ページ）。

円、ドル、ユーロほか、それぞれ円安になると日本だけがプラスとなり、ドル安になるとアメリカだけがプラス。ユーロ安になるとユーロだけがプラスとなる。

日本の場合、最初はあまり成長しないが、3年目ぐらいに成長率は1・2ぐらい上がる。つまり、10％の円安で1・2％GDPがアップするという計算になる。

日米のお金の比の理論値120円（255ページ）を元に、計算してみよう（【図版7－3】）。

120円が300円になったと考えた場合、150％アップとなる。

【図版7－3】1ドル120円から300円になった場合

120円／ドル→300円／ドル　150％UP
10％円安→1.2％GDPUP
150％円安→1.2％×15＝18％　GDPUP
もともとGDP成長率2％なので2＋18＝20％

10％の円安では1・2％GDPがアップするので、150％円安になったら1・2％×15＝18％GDPがアップするということになる。

もちろん、これだけでもいいのだが元々GDPは2％ぐらいの成長があるため、それを足すと20％となる。もちろんより円安になれば、これにさらに上乗せされる。

「120円はけしからん！」という人もいるかもしれないが、これは140円で計算しても、だいたい17％ぐらいになる。そのため、丸めて20％といっている。

ちなみに、10％で1・2％というのは、【図版7－2】のOECDによるモデル計算によっている。ここがもし違うとなれば、近隣窮乏化は全部崩れることとなる。

ただ、これはOECDによるモデル計算はもちろんのこと、IMFそして内閣府によるモデル計算もほとんど一緒である。

つまり、世界どこで聞いても大体同じような数字であり、ここに挑むのはノーベル賞級のこととなる。それぐらいもうもう完全に確立されているということだ。

大谷選手と収益機会の共通点

為替が円安になると、輸出企業が有利になる。輸出企業はエクセレントカンパニー、つまり超優良企業が多いため、それに恩典を与えるとさらにいい。

この意味がわかるだろうか。

たとえてみよう。

ドジャースの大谷選手はなぜ、1番なのか説明できるだろうか。なぜ、4番ではないのだろうか。

セイバーメトリクス（Sabermetrics）という、野球においてデータを統計学見地から分析し、選手の評価や戦略を考える手法がある。

日本では残念ながら遅れている分野らしいが、データで野球を分析するというもので、ＯＰＳ（On Plus Slugging／打撃指標数）率があって出塁率と長打率で見て、それらが高い人は得点能力が高いという分析がされる。

日本だと打率・打点・ホームランというところを、アメリカでは、セイバーメトリクスの分析順に打者を並べていくのだ。なぜかといえば、そのほうが打順がたくさん回る、つまり**数がいっぱいいきて収益（得点）機会が増える**ためである。

ドジャースクラスにもなると、１、２、３番の実力は高いところで拮抗しているため、その日の調子によって変えてもいいぐらいではあるが、それでも大谷選手が９番になることはあり得ない。こんなにＯＰＳ率が高い人を９番にしていては、もったいないということで、たくさん打たせるために、大リーグはみんな１番とか２番ぐらいに強打者が集まるわけだ。

つまり、非常に優秀な人に対して、収益（得点）機会を与えないというのはおかしな話で、これを円安の話に置き換えると超優良企業（野球における大谷選手）を１番にすればいいということになる。

近隣窮乏化はまさに、超優良企業に有利性を与えて収益機会を増やすということに

【図版７－４】輸入価格が２倍になったとしても……

2倍＝200％

200％×0.2＝40％

つながるわけだ。

また、この項目の冒頭で「超円安になると生活が大変になる。すべてが2倍になる！」とも騒いでいたテレビ番組の話をしたが、これもあり得ない。

経済の輸入に関する比率は全体の２割くらいしかないからである。輸入価格がたとえ全部２倍（２００％）になったところで、２割（０・２）で40。40％ぐらいしか上がらないのだ（【図版７－４】）。

もちろん円安になって、一部の人は大変なのはわかる。ただ、２０２３年も２０２４年も70兆円超などというものすごい税収がある。そういうのを回せばいいだけの話なのだ。

そもそも、どうしてそんなに税収が増えているのかといえば、企業活動が良くなっている証左でもある。

財務省のとっておきの埋蔵金を使わなくとも、そういうフローのお金を回せば、なんとかなるというレベルの話なのである。

※外為特会（外国為替資金特別会計）
財務省の所轄であり、外国為替相場の安定（為替相場の急激な変動の際の為替介入などの対応）のために設けられ、外貨資産を管理している。

財務省は円安のうちに「ドル債」を売るべきだ!

円安になると誰がいちばん、日本の中での利益の享受者になるだろうか。

じつは日本政府の外為特会が持っている外貨債に含み益が出るから、円安になったらその含み益を国民に渡せば誰も円安について文句をいわなくなる。

つまり、円高介入（為替介入／244ページ）をすればいいのだ。

200兆弱ドル債を持っていて、その含み益は、少なく見積もっても40兆円ぐらいある。

40兆円あるから国民一人頭30万円。30万円をもらうことになったら、誰も文句はいわない。**私はこの財務省の外為特会の含み益を「円安埋蔵金」といっている。**円安埋蔵金を吐き出させるのがいちばん簡単である。そうしたら、もうメリットが国民みんなにすぐわかる。この円安埋蔵金を吐き出させれば、円安によるデメリットはみんな解消してしまう。それをやるかやらないかだけだ。

ドルを売ると代金（売却金）が入ってきて、それを円に換え財務省のポケットに入れる。売れば売るだけ含み益が出る。

取得原価が1ドル110円ぐらいのときのドル債を、今150円ぐらいで売ったら、1ドルあたり40円ぐらいも儲かる。それでも市場に与える影響はほぼない。ほんのしばし、ちょっと動くぐらいだ。

財務省は今のうちにドル債を売ればいい。まごまごしてると本当に、この含み益はなくなってしまうのだ。売ったところで何の問題なく、為替に影響もほとんどないのがわかっていて、含み益が出るだけだから売らない理由はない。

為替は日本とアメリカの通貨の交換比率であり、それがどのぐらいに落ち着くかは、二つの通貨の量の比にしかならないことは、先にも述べた（239ページ）。

それを計算すると、だいたい1ドル110円から120円ぐらいが理論値となる。

その意味では、昨今随分円安になっているのは間違いない。さかのぼると、理論値から30円以上円安になる確率が2割ぐらいあるため、珍しい状況が起こっているといえるが、これは日本全体にとっては、かなりのプラスとなっている。

悪い方に振れていたらちょっとまずいが、日本にとっていい方に振れているならば、**それを活用しない手はないのだ。**

先進国の中でも飛び抜けて高い日本の外貨準備

円安埋蔵金を出したくない理由は、一人頭30万円分の含み益が出るとわかったら、財務省が困るというのがまず一つある。私自身も昔、外為特会を20兆円以上出したことがあるが、出すか出さないかは政権の問題であり政権しだいといえる。政権に「これ（含み益）を国民へ」という人がいないのだろう。

安倍政権だったら、間違いなくやっていたと断言できる。というか、普通はやる。為替介入もさらにやったほうがいいはずだが、やったらやったで含み益が全部出てきて、財務省にとって都合の悪いことが、さらにいろいろバレてしまう。

【図版7－5】G7の外貨準備対GDP比（2022）

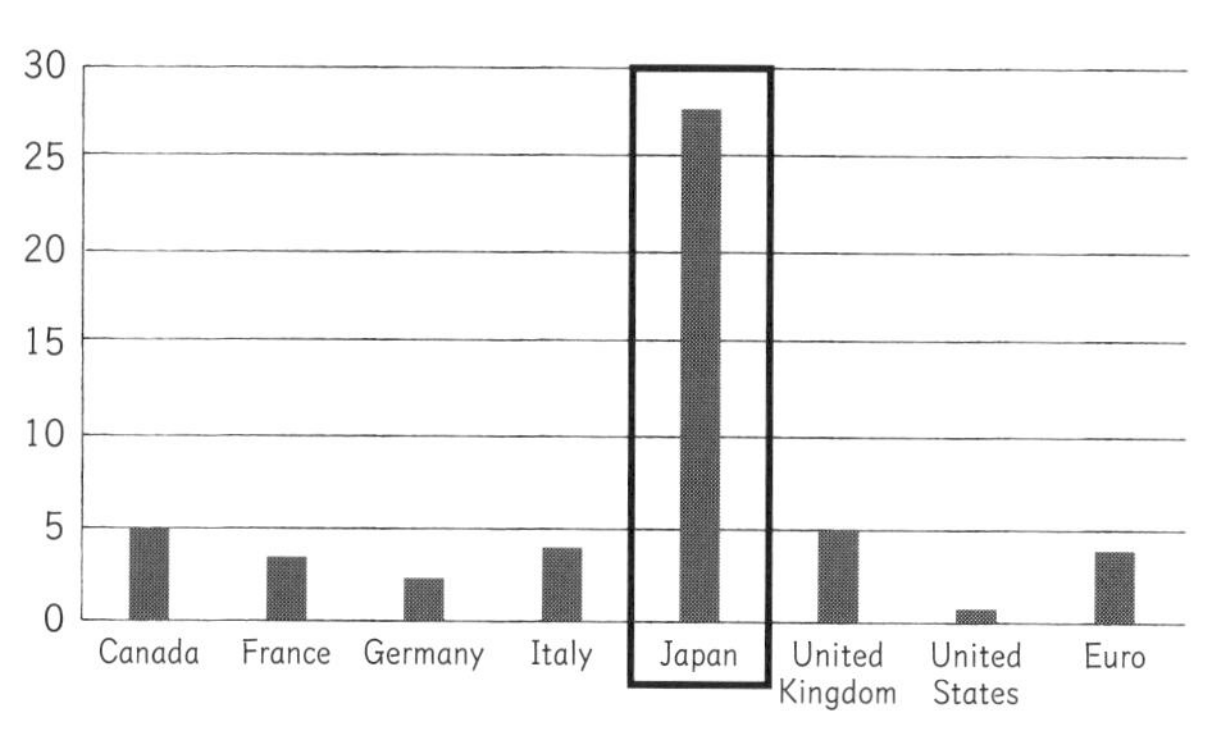

（資料）International Financial Statisticas. World Economic Outlook

ただ、そんなにドル債を売ってしまったら、外貨準備がなくなってしまうのでは、と思っただろうか。じつは、日本の外貨準備は、先進国の中でも飛び抜けて高い（【図版7－5】）。

だいたい、先進国で変動相場制の国はみんな、外貨準備はGDP比でいうと数％である。日本はGDP比で外貨準備が30％近くもあって、こういう事実をみんな知らないというか、財務省にダマされている。海外だったら普通に為替介入する。

為替介入しなくても、外貨準備は有期債といって2～3年の長さのドル債だ。

つまり、2～3年経つと償還が来て、そ

のままほっとけばドル債が減っていき、その度ごとに償還差益が生まれる。ロールオーバー（再投資）しなければいいだけの話である。

為替介入するかほうっておくか。無為無策でもできるのだ。

財務省からの餌に慣れ過ぎたマスコミ

なぜ日本だけ外貨準備が飛び抜けているかといえば、これまた天下りのためである。

外貨準備は財務省が持っているが、財務省の金庫の中にあるわけではない。どこか他の民間の金融機関が預かって、財務省が保管料を払っている。

外貨準備を2～3年たって償還しないで、もう1回ロールオーバーすると、それに伴っていろいろな金融機関に外貨準備の保管事務が発生して、保管手数料として財務省から金融機関への何億円もの支払いが発生する。

保管料を払いつつ、そこに天下るから、財務省はドル債をもっていたいのだ。

結局、すべては天下りのためである。

また、金融機関は外債の保管をしているから、それが売られるときにはすぐにわかる。

要するに、為替介入したらいち早くわかるという情報のメリットを活かせば、為替介入して一日~二日ぐらいは、ものすごく儲けられることになる。

財務省と金融機関は、ここでも持ちつ持たれつなのだ。

いろいろな国と比較して日本だけおかしいなと思うことをやっている場合は、ほとんどの場合、天下りが絡んでいる。いろいろな国と数字で比較してるだけで違っているということは、何かがおかしいということなのである。

天下りを撲滅というか、減らせないものと思うかもしれないが、マスコミはポチなのでこういうことを報じない。

あるいは、財務省からの餌(という名の罠)に慣れきってしまって、財務省のいうことを鵜呑みにして、自分たちで調べるということを放棄しているから、そもそも知らないのかもしれない。

さて、円安は長く続くと、交換比率の理論値に近づいていく。

50年間ぐらいの過去のデータをさかのぼると、円安も円高もどこかでだいたい理論値に戻ってくる。

何かの拍子にということもあるが、トランプ氏が大統領に帰り咲いた今、円安はアメリカのデメリットになるのを知っているから、急にプレッシャーをかけてくるであろう。そうすると、為替の方も「ああトランプさんになっちゃった」といって、一気に理論値に近づく可能性がある。それまでは戻さないでいいと思っているのではないか。

バイデン氏は円安がアメリカのデメリットになっていることに、最後まで気づかなかった。トランプ氏に「この円安はアメリカの悲劇だ。バイデンの無策だ」とかなりはっきり指摘されてなお、改善されなかったところを見てもあきらかである。

日本としては円安のうちに、含み益を取り寄せた方がいい。

1ドル110円から120円になってしまったら、せっかくの含み益がなくなってしまうからだ。

財務省&日銀の走狗は誰だ

財務省が撒いた餌みたいなものに残さず食いつく、硬派な情報番組を自称するテレビ番組がある。

あるときの放送では、為替介入するのに「有価証券と現預金あわせて200兆円弱のうち、現預金分の20兆円ちょっとしか介入できない」と、まことしやかにいっていた。

それは違う。

預金と債券を持っているとき、どちらが解約しやすいかを考えればすぐにわかるはずで、債券の方が簡単に決まっている。しかも、持っている債券のほとんどは世界一流動性が高くて売りやすい米ドル債である。預金での介入のほうが面倒くさいぐらいだ。

債券は簡単に売却できるのに、なぜ、そんなことをいうのか。それをさせないための伏線を財務省がはって、情報という名の餌を撒いているからだ。売却すると少なく見積もって売却益が40十兆円出て、国民一人頭30万円配れることは、先にも述べた通りだ。なんなら、配らずとも二年間消費税がタダでも大丈夫のような話にもなってしまう。

財務省にとっては、ありえない話で、それがイヤだから絶対に真実をいわないだけである。

それをそのまま真に受けて、テレビでしたり顔でいうのだから笑ってしまう。硬派な情報番組どころか、財務省のポチ番組である。

現預金だけが為替介入の限界というのは、まったくのウソである。為替というのは通貨の交換比率だから（239ページ）、その比に大体は収束していく（【図版7－6】／263ページ）。2024年11月末の時点では円安だが、110円か120円ぐらいの理論値に収束していくだろうというのは、先にも述べた通りである。

【図版7－6】日米為替レートとマネタリーベース比の推移（1971.1～）

（資料）日本銀行、FRB

金利差があるからという説明もある。これもまったく関係がないとはいわないが、私からすればほとんどまやかしである。「わかりやすいでしょ」というが、はっきりいうと何の役にもたたない。なんなら、**「金利差があるから、金利を引き上げるべき」とは、金融機関が金利を引き上げたいための布石を打っているだけ**である。

　財務省も財務省で、「金利が上がったら大変だから、私たちは一生懸命がんばってます」みたいなことをいうが、広い意味での大きな政府（統合政府）のバランスシート（パブリックセクターバランスシート）では、資産が1600兆円ぐらいあってほとんど金融資産だから【図1－2】／41

ページ）、金利が上がったら金利収入が多くなり、結果として両方上がるからあまり大したことはない。

政府（財務省）が、大変になるといっているが、「金利が上がったから、それでは増税」と使おうと思っているだけであり、本当は大したことはないことなのに、こずるい話をしている。

そんな話をまったく出さないで、「金利が上がったら、大変なことになります」とテレビでいえば、誰の走狗なのかすぐにわかる。

はっきりいって、財務省を親玉にした子分の金融機関の走狗であり、パシリのような番組だ。

思わずポカンと開いてしまった口を閉じる間もないほど、驚きの説明のオンパレード。見ておもしろいぐらいに、ほとんど間違っている説明を垂れ流している。

親玉財務省なり、子分日銀はじめとする金融機関がいろんな仕込んだ罠（餌）に、すべて見事に引っかかっ（食いつい）ている。

あるいは、金融機関がスポンサーに入っていて、スポンサーの意向ということかもしれない。ただ意向があるにせよ、そもそも理解しておらず、調べもしないで与えられた情報をそのまま話しているのがわかるために、そういう意味でも非常に興味深い。

出演している人も、よく理解しないままに話しているのではないだろうか。

さらにいってしまえば、自分で調べもせずに他人（この場合は財務省など）のいうことを鵜呑みにして、何が報道だとモノ申したい。

5兆円くらいの介入はたいしたことがない

財務省は食いつきがいいであろう餌（罠）をいろいろしかける時点で、一枚二枚どころではなく上手だ。

2024年のゴールデンウイーク中の為替介入についても、「ゴールデンウィークの最中だから今回はタイミングが良かったでしょう」などという話もしていたが、ゴールデンウィークがあるのは日本だけであり、世界ではまったくといっていいほど関係のないことである。

だいたい、どんどんどんどん為替介入したところで、一日二日しか持たず、最後は110円か120円ぐらいに収束していくのだ。世界中で為替取引なんて数百兆円あるから、一回あたり5兆円ぐらい介入したところで、別に大したことはない。どうしてそんなに視野が狭いのかと、はっきりいって思う。

一方で、こういうのを見ているとおもしろい。もはや、この自称〝硬派な〟報道番組はネタの提供をしてくれているのかとも、思ってしまう。

もうツッコミどころは山ほどあって、話題に事欠かない。

もしかして、「いつもありがとうございます。これからも、ネタ提供のご協力をどうぞよろしくお願いします」と、お礼とお願いを伝えるべきなのだろうか。

8章

「国債がまた増えた！」と騒ぐウラにある財務省の思惑とは？

何の知識もなく語っている人が多すぎる

ここまで国債についても、ある程度説明をしてきた。ただ、不思議なことに「国債とは何か」がわかっていてもなお、おかしなロジックを垂れ流す人たちがいる。

おかしなロジックを並べる人たちは、国債の本質を本当には理解していないか、あるいは何かウラの思惑があるか、そのどちらかなのだろう。

私に批判的な人たちのことだけをいっているのではない。「髙橋洋一はいいことをいう」といっている人たちでさえ、「本当にわかっているのかな」と首をかしげざるをえないことが多々あるのだ。

たとえば、「国債は政府の借金だが、政府は返す必要がない」なんてことをいう人がいる。まったく呆れるしかない、トンデモ論だ。**「借りたものを返す」——これは**

いうまでもなく、世の中の道理だ。

政府も例外ではなく、「借金はきっちり返さなくてはならない」というのは、法律でも定められている。もし、返さないと政府がいったら、それはデフォルト（債務不履行）宣言になってしまって、国債は暴落して国民経済は大変なことになる。

かといって、よく聞く「国債発行額が膨れ上がっているのは、将来世代に負担をかけることだからよくない」というのも見方によっては誤りだ。国債の本質がわかっていれば、「国債は借金だから全額返す義務があるが、パブリックセクターバランスシートなどできちんと国の財務状況を見れば、現在の国債発行額には何も問題がない」ということがわかる。

ちゃんとした知識もないのに、どうしてわかったようなことをいえるのか。

私には不思議でならないが、そういう人が多いのは紛れもない事実である。

経済の素人のみならず、多くの人が「正しい」と思っているマスコミ（実際には財務省のポチなのだが）ですら、似たり寄ったりなのだから、余計にたちが悪い。財務省に洗脳されないためにも、しっかり、リテラシーを磨いておいたほうがいい。

「倹約をよしとする」と「借金は悪」となる

経済学には「合成の誤謬」という言葉がある。簡単にいえば、個人レベルで見れば正しいことでも、同じことをみんながやったら困る、という話だ。

日々倹約して、お財布のなかにあるお金だけで、何とかやりくりしなくてはならない。これは、個人としてはあたりまえの感覚だろう。そうでなくては、生活費を借金することになってしまう。それはそれでけっこうなのだが、こういうミクロの話をそのままマクロに当てはめると、たちまち問題が生じる。

私は、よく「半径1メートルの思考で、世の中全体を見てはいけない」といっているが、倹約志向にも同じことがいえるのだ。

仮に国民全員が倹約しだしたら、どうなるか。消費が落ち込み、企業の業績が悪化し、給料が下がり、悪くすると失業してしまう。経済では何事も表裏一体だ。自分はお金を使う側であると同時に、受け取る側でもある。自分も含めて、みんながお金を使わなくなれば、当然、自分が受け取る額も小さくなり、その結果、世の中は不景気となってしまうのだ。

個人レベルで倹約をして、お給料に見合った生活を送ろうとすることは、何も否定しない。家計が毎月赤字で火の車となっては大変だ。私だって、日々、ムダ遣いをしないように気をつけている。

ただ、それと同じ視点で世の中全体を見るのは間違っているのだ。

「倹約をよしとする」のは、散財を重ねて借金をするといった事態を防ぐためには、必要な感覚だろう。しかし、それがいきすぎて「倹約は絶対善」とすると、「借金は絶対悪」となってしまう。こうなるともう、借金のすべてを敵視することになり、企業の借金も国の借金も全部ダメ、という短絡思考に陥ってしまうのだ。

たとえば、経営難に陥った会社があるとする。負債が何億、何百億にも膨れ上がっていると、そこにばかり目が行き批判しがちだが、**本当の問題は「莫大な借金があること」そのものではない。「借金を返せるだけの資産がなかったこと」**だ。

つまり、借金に見合うだけの資産がある限り、じつはどれほど借金が積み重なってもかまわないといっても過言ではない。

単純な倹約思考で断じるのは、間違っているのだ。

そういう意味でいえば、個人レベルでも「借金=絶対悪」とするのはおかしい。

たとえば、連日、豪遊するためにお金を借りていれば、ただただ借金がかさむだけだ。これはもちろん論外だが、一方、お金を借りて家を買ったとしたら、借金のウラ側に不動産という資産ができることになる。実際にローンを組むかどうかは個々の価値観だろう。ただ、こういう借金を否定する人はいないはずだ。特に企業であれば、借金して設備投資をしなければ会社の発展は望めない。

まったく同様のことが、国債にもいえる。

マスコミも財務省も、なぜか「日本政府は国債をこんなに発行している」「また増えた」と騒いでいるが、これは企業や個人の借金の額だけを見て騒いでいるようなものだ。だが、当然ながら国には負債もあれば資産もある。国債発行だけを見て問題視するのは、経済のプロであれば決してしない、一面的な見方なのである。

あるいは、マスコミも含め、財務省にうまくダマされている可能性が高いのだ。

「借金をなくせ」で国債がなくなったら、大変なことになる

「国債は政府の借金であり、増えれば増えるほど国民の負担が増す」という論調は、いまだ根強い。そこまで国債を悪者扱いしたいのなら、本当に国債がなくなったらどうなるか考えてみればいい。はたして国の借金がなくなり、国民はいっさいの負担をのがれ万々歳となるか。

いや、そうはならない。

この点をしっかり理解するには、「金融市場における国債」という国債のもう一つの顔を理解しなくてはいけない。国債は政府の借金だが、同時に金融市場にはなくてはならない「商品」でもあるのだ。金融市場では、国債以外にも株や社債といった金融商品が取引されているが、基本は「国債と何か」という取引だ。

つまり、国債と株、国債と社債を交換するという取引が基本である。

たとえばAさんが、自分がもっている○社の株を△社の社債と交換したいと思っても、「こんな株はいりません」と拒否されたら交換することができない。でも、株と国債の交換なら簡単にできる。だからAさんは株と国債を交換し、さらにその国債を欲しかった△社の社債と交換する。

これは、物々交換とお金を介した売買の比較で考えると、わかりやすいだろう。たとえば、大根3本をジャガイモ1袋と交換したくても、それがいくらお買い得であろうと、相手が大根を欲しがっていなければ、取引は成立しない。でも、大根3本を500円と交換すれば、それでジャガイモ1袋が買える。ここで、もしお金が存在しなかったら、どうなるか。大根とジャガイモの取引が、つねに成立するとは限らないから、取引は激減するだろう。

今の話の大根とジャガイモが金融市場における株と社債、お金が金融市場における国債に当たる。お金がなくなったら大根とジャガイモの取引が激減するように、国債がなくなったら社債や株の取引が激減する。

企業は銀行からの融資のほかに、社債や株で資金を得ているから、たちまち資金難に陥ってしまうだろう。

このように国債は、金融市場において「お金」、あるいはかつての「コメ」のような役割を果たしている。これが、「政府の借金・国債」のもう一つの顔だ。

とにかく、すぐに他の商品と交換できる、非常に使い勝手のいい金融商品なのである。

ここで「お金と同じ役割なら、お金だけもっていればいいではないか」という意見が出るかもしれないから、一応説明しておこう。

お金はお金としてもっている限り、利益を生まない。でも、国債は国の借金であり、利子がつく。金融市場は、利払いのやりとりを通じて、経済を動かしているといえる。そのなかで、利益を生まないお金をもっていては、とてもやっていけない。ちょっとの利払いでも、得ていかなくては商売を続けられないという、シビアな世界なのだ。

国債は金融市場をこんなふうに根っこから支えている。その国債がなくなっては金融機関は商売ができない。ひいては、現在、私たちが生きている金融資本主義社会の発展も望めなくなってしまう。金融マンなら、「国債は政府の借金だからないほうがいい」なんて絶対にいわないはずだ。国債がなくなれば、金融機関の仕事は大幅に縮小し、失業しかねないからだ。

アメリカのニューヨーク市場、イギリスのロンドン市場など、金融資本主義が発展している他の国の金融市場でも、国債を介した取引が一番多い。国債の発行額は国によって違うが、国債がなくては金融市場が成り立たないという点では変わらない。

ドイツがあまり国債を発行しない理由とは？

唯一、先進国のなかで、あまり国債を発行していない国はドイツだ。

第一次世界大戦後のドイツでは、生産性がガタ落ちになった。モノが減れば、相対的にお金がだぶつく。物価はモノとお金のバランスだから、第一次世界大戦後のドイツではハイパーインフレが起こった。つまり、ありえないくらい大量に、「お金が余った状態」になったのである。

そのトラウマが根強く、ドイツはインフレを起こすような政策には消極的だ。国債の発行は、お金を世の中に出回らせてインフレを誘導する。だからドイツは、国債をあまり発行しないというわけだ。フランクフルト市場も、東証やニューヨーク市場、ロンドン市場に比べれば小規模である。

こういう例外的な国はあるが、国債には金融市場の「コメ」「必須商品」としての重要な役割がある。「国債は国の借金だからダメ」というのが、いかに無知からくる見方かということが、ここでもよくわかるだろう。

「国債発行残高はGDPの200%」を心配しなくていい理由

再三説明しているが、国債は政府の借金だ。

誰から借りているかというと、主に民間金融機関である。彼らが国債を買うから、政府は予算で足りない分を補填できる。借金である以上、国債には利子がつく。金利に納得できなければ、民間金融機関は国債を買わない。

今のところ、そんな事態にはなっていないから、民間金融機関はおおむね金利に納得しているということだ。

これが何を意味するか、わかるだろうか。

もし「国債が多く発行されすぎている」と民間金融機関が判断したら国債は買われなくなり、そうなれば国債の金利はどんどん上がる。需要と供給の関係で、買いたい人が少ない場合は、買い手により有利な条件をつけなくてはいけないからだ。

でも、すでに述べたように、国債の金利は低いまま取引されている。いい換えれば、これは民間金融機関が国債をまだまだ欲しがっているということだ。つまり、国債は「発行されすぎ」ではないのである。

金利は上昇していないという現状を見れば、現時点での国債発行残高には何も問題ないということが、すぐにわかるのだ。

それでも納得できない人は、こういったらわかるだろうか。

借金というのは、必ず誰かの資産になる。国債は政府の借金だが、貸している民間金融機関にとっては「資産」である。民間金融機関は国債という資産を買って、利子収入を得ているのである。

今ほど低金利では、「利ざやで儲ける」というほど大きな額にはならない。しかし、わずかでも利子収入を生む「資産」であることには違いない。

しかも、国債は金融市場の「コメ」だ。だから金融機関は、金利が低くても国債を買い続ける。借金とは、どこまでいっても、「借りる側」と「貸す側」の二者関係の話だ。貸し手が喜んで貸している間は金利は低いままだが、「なんだか危ないから、もう貸したくない」という貸し手が増えれば金利は上がる。

国債は金利が低いまま取引されているから、「発行されすぎ」というロジックは成り立たない。やはり単純な話なのである。

「政府には国債の支払い義務がない」というトンデモ論

「国は借金を返さなくていい。したがってどれだけ国債を発行してもよい」と主張する人がいる。

すでに触れたように、これは弁護する余地すらないトンデモ中のトンデモ論である。いったいこの世のどこに、「借金を返さなくていい」などという道理が存在するというのだろう。

まったくバカバカしいというしかないが、その中には「日銀が買い取った国債に関しては、政府には支払い義務がない」というのもあるらしい。日銀は政府の子会社だから、というわけか。これはちょっと説明がいる。

しかし、借りた相手が誰だろうと、すべての借金には返済義務がある。最初に定めたとおりの利子も、支払わなくてはいけない。国債もまた、民間金融機関が買った国

債だろうと、日銀が買った国債だろうと、政府に返済（償還）と利払いの義務がある
ことに変わりない。民間金融機関が、そっくりそのまま日銀に取って代わるだけだ。

それなのに「政府に返済義務はない」というのは、一つには、おそらく日銀の国庫
納付金のことをいっているのだろう。

日銀は民間金融機関から国債を買い、その代金としてお金（日銀券）を刷る。日銀
の手に移った国債の利子は、政府から日銀に支払われる。これが通貨発行益であり、
丸々、国庫納付金として政府に納められる。政府にとっては、ちょっとした税外収入
になる、という話だった。

つまり、政府が日銀に払った国債の利子は、最終的には国に戻ってくる。

しかし、これを「支払い義務がない」といってしまっては、話の本質がまったく違
うことになる。正確にいいなおせば、「政府から日銀へは国債の利子が支払われるが、
それは納付金として戻ってくるから、財政上の負担にはならない」となる。

日銀への国債の利払いは、たしかに最後にはプラスマイナスゼロになる。だが、そ

れは「支払い義務がないから」ではない。「払ったものが戻ってくる」からなのだ。元本返済（償還）についても、もちろん政府に義務がある。

ただ、政府は償還のために新たに国債を発行しているから、浅はかな頭だと「返さなくていい」と見えるのかもしれない。しかしやはり、本質的に間違っている。これも正確にいいなおせば、「政府には国債の償還義務があるが、そのために新規国債を発行しているので、財政上の負担にはならない」となる。借金の利払いも返済も、政府に「支払い義務がない」のではなく、「支払い義務はあるが、財政負担にはならない」。

この違いがわからないようではいけない。

仕組みをしっかり理解すると

では聞くが、もし本当に政府に支払い義務がなかったら、どうなるかわかるだろうか。「借金はしますが、いっさいお返ししません。利子もお支払いしません」といっている人に、誰がお金を貸すかと考えてみればわかる。

日本の国債を誰も買わなくなり、市場では日本国債が余りに余るだろう。すると需要と供給の関係で、日本国債の値段は暴落するだろう。こうして誰からもお金を借りられなくなった日本は、たちまち債務不履行(デフォルト)になるだろう。

逆にいえば、政府に支払い義務がないと宣言することが、債務不履行という外形的な証となってしまう。

「政府に支払い義務はない」という人は、それほどのトンデモ論を平気でいっているということだ。政府に支払い義務はあるが、財政負担にはならない。なぜそういえるのか、仕組みからわかっていないと、たちまちこういうトンデモ論にダマされることになる。

「赤字国債」の言葉のイメージにダマされるな

「○年度の補正予算が成立、赤字国債△兆円追加発行」こんな報道を目にしたこともあるだろう。

おそらく気になるのは「赤字国債」という言葉ではないだろうか。たしかに「赤字」という字面からして、縁起が悪い。国債は国債でも、「赤字国債」とはなんなのか。結論からいえば、「お金に色はついていない」。つまり「赤字」とついていようといまいと、国債は国債である。

これでは話が終わってしまうから、もう少し説明しておこう。

そもそも財政法では、「公債または借入金以外の歳入をもって歳出の財源とする」と定められている。借金をせずに、歳入（国の収入）だけで予算をまかないなさい、という意味だ。ただ、さすがに歳入だけでは財政運営ができないから、借入については「建設国債」の発行が認められてきた。読んで字のごとく、インフラ整備や建設など建設に関する予算については借金をしてもいい、というわけだ。これを「建設国債の原則」という。

一方で、これでも財政運営ができなくなったので、さらに各年度に特例公債法を適用して、例外的に「特例国債」の発行も認められるようになった。それが、いわゆる「赤字国債」と呼ばれる国債である。

「特例」というと、それだけでも「平時ではありえないもの」という印象を持っても不思議ではない。そのうえ「赤字」とまでいい換えられたら、ますます「本当はいけないもの」という悪いイメージがついてしまう。「また借金がかさんで、財政は苦しくなる一方だ」というわけだ。

しかし、建設国債も特例国債（赤字国債）も、その年の予算のうち、税収でまかないきれない分を補うために発行される、という点において、何も違いはないと考えていい。

政府は予算を出して、足りない額の国債を発行する。そこで、まず毎年の国債発行額が決まる。そのうち建設国債発行対象経費分を建設国債と呼び、残りを赤字国債と呼んでいるだけの話である。

建設国債も赤字国債も「ただの国債」

いってしまえば建設国債も赤字国債も、「ただの国債」なのだ。国債を発行して得た資金は、必要な用途に割かれるだけである。だから、もちろん、金融市場の現場では、建設国債と赤字国債は同じ国債として扱われており、区別されていない。

その証拠に、もし金融機関で国債を買ったら、自分が買った国債は建設国債なのか、赤字国債なのか聞いてみたらいい。どっちであるとは答えられないはずだ。

建設国債と赤字国債を区分しているのは、政府の予算の中だけである。

それも、先進国で予算において国債を建設国債と赤字国債とに区別しているのは、基本的には日本だけだ。

要するに、何のための借金なのか、何となく大義名分を立てておきたい……その気持ちのウラには、「投資的な経費のための借金はいい」という考えがあるのだろう。

そうであれば、海外にも通用する考え方であるが、日本ではこの区別は結局「借金は悪」というイメージを広めているだけという感じがする。

「赤字国債」という言葉が新聞の見出しで躍っていても、過度に騒ぐ必要はない。建設国債が少なすぎる結果でしかない場合もあるのだ。

外国人に借金をしても、国は乗っ取られない

国債については、「外国人保有率」を気にする人もいる。日本国債をもっている外国人の割合が高くなったら困る、という主張だ。しかし、これもよくわからない危機感だ。外国人が日本の国債をたくさんもっていたら、日本の国を乗っ取られるとでも思っているのだろうか。

たとえば日本の株式会社が、株の大半を外国人に買われてしまったら、いい方は悪いが、それは会社を乗っ取られたも同然といえる。

あるいは、外国人が日本の国会議員になるのも問題である。日本の国会は、日本の国益を最大限にするために国政を議論する場であり、他国の利益を考える人とは相容れない。だから日本の法律では、国会議員も一部の政府職員も、日本国籍を有する者

だけと定められている。何年も前の話になるが、蓮舫元議員の二重国籍問題が取りざたされ、かなり大きく報じられたことでもよくわかるだろう。これは国会議員に投票する側も同様で、外国人には国政参政権が認められていない。

すべてあたりまえの話であり、世界の常識だ。

外国人保有率とデフォルトとの間には、何の相関もない

国債は、誰がどれほどもっていても、国を動かす権利をもてるわけではない。

要するに、日本の国が外国人からたくさんお金を借りたところで、それがどうした、という話なのである。単にお金を貸し借りしているだけだ。

むしろ、外国人が日本の国債に群がるような状態があるとしたら、それは日本の国債の信用度が高いことを意味する。いい換えれば、日本国内だけでなく、国外からも低い金利で（欲しい人が多ければ、それだけ金利は低くなる）資金を調達できるということなのだから、喜ばしいといってもいいくらいなのだ。

さらに、国債の外国人保有比率が高いと国がデフォルトになる確率は、これまで世

界各国の200年以上のデータ分析によれば、決して高くなるわけでない。

要するに外国人保有率とデフォルトとの間には、何の相関もないということだ。

したがって、しばしば、「日本は国債の外国人比率が低いからデフォルトしない」という主張も見るが、これもデータ上は正しい意見とはいえない。

多かろうと、少なかろうと、外国人保有率を気にする必要はない。

これ以上「天下りファースト」の財務省の口車（ロジック）に乗せられるな！

私は大学で教鞭をとっているが、学生にマクロ経済を教えるときには、一見、不道徳に見える経済政策を理解させなくてはいけないことがある。

そういうときに使うのが、先に説明した「合成の誤謬」という経済学の考え方だ。個人レベルでは正しいことでも、みんながやったら困る、という考え方である。経済を国全体、社会全体でとらえるマクロ経済学では、この考え方を理解しないと話にならない。

個人の真面目さ、道徳心につけこむのは、財務省のもっとも得意とするところなのだ。実際、今までも見てきたように現職の政治家のなかでも、すでに財務省の論法にからめとられていると見える人が、多数いる。

増税ロジックに乗せられないためにも、金融政策（152ページ）、財政政策（157ページ）のリテラシーをもっと高めておくに越したことはないだろう。つねにミクロではなく、マクロで考えるクセをつければ、どういう政策なら経済が上向くのかも、自分の頭でわかるようになる。

そしてマクロ経済学では、とかく個人レベルの道徳心は邪魔になる。そう断言していいだろう。

そのためか、ポール・クルーグマンやクリストファー・シムズなど海外のマクロ経済学者は、たびたび「経済政策は無責任にやるものだ」といったいい方をする。

つまり**個人レベルの道徳心など、経済政策に持ち込むな**ということだ。

言葉尻だけとらえれば「無責任では困る」となりそうだが、根っこでは前に述べた「合成の誤謬」を考慮しているのだ。そう思えば、真意がわかるだろう。経済を道徳で考えるくらいなら、無責任になったほうがいい。彼らはそういう皮肉をいっているわけだ。

個人レベルの道徳で考える人には無責任に見えても、本当はガチンコで真面目に経済政策を考えるのが、マクロ経済学なのだ。

国債にしても、「借金は悪」という道徳心に従えば、なるべく発行しないほうがいいことになる。しかし、国債の発行を少なくすることは、政府が使えるお金が少なくなるということだ。

経済は、「需要と供給」で成り立っていると、先にも述べた。

世の中の需要すべてを「総需要」と呼び、これがより大きくなるほど、物価が上がる。デフレ不況のなかでは、これが景気回復の糸口となる。総需要には、「政府需要」も含まれる。


モノやサービスを消費する国民も需要者だが、公共投資（事業）などにお金を払う政府もまた、大きな需要者なのである。


ここまでくれば、もうわかるだろう。

国債の発行を少なくすることは、政府が使えるお金が少なくなるということ、それはつまり政府需要が圧縮されることを意味し、公共投資が減る。公共投資には、雇用を生み出す効果もある。つまり、国債の発行を控え政府需要が減ることは、経済成長を阻害し、ひいては失業率アップにもつながるのだ（76ページ）。

国債を「無責任」に発行することの意味とは

では、道徳では悪とされる国債を「無責任」に発行すると、どうなるか。

今、述べたこととちょうど反対のことが起こる。つまり、財政経由で国民に直接ばらまかれて需要を生む。公共投資も増え失業率ダウンにつながる。

道徳心から「借金は悪」とし、「国債発行は無責任な政策だ」と主張する人は、この違いをどう見るのだろうか。私には、国債発行を減らして政府需要を減らすより、国債を発行して雇用を生み出すほうが、よほど責任ある政策であり、道徳的だと思えるが、どうだろう。

とくに、今のような低金利の世の中では、日銀の金融政策の効果は、限定的にならざるをえない。

日銀は、民間金融機関から国債を買い、その利子収入（通貨発行益）が丸々、国庫納付金として政府に納められる。もし金利が高ければ、それだけ利子収入が増え、国庫納付金が増える。

これが政府需要の押し上げ効果となって、財政経由で国民にばらまかれ、物価上昇につながる。だが、今のような低金利では、それもままならない。だから、国が国債を増発し、政府需要を高めるという財政政策と、日銀が民間金融機関から国債を買うという金融政策の「合わせ技」が必要なのだ。

政府はせっせと国債を発行し、日銀はせっせと民間金融機関から国債を買えばいいのである。

公共投資には、いわゆる「ハコモノ行政」をはじめ、ムダ遣いをしているという批判がつねにある。ただ一方で、今までも説明したように、雇用創出というメリットがあることも事実だ。財政政策では、この両方を秤にかけて、**より社会貢献度が高い選択肢をとっていくべき**なのである。

決して**「天下りファースト」の財務省の口車（ロジック）にこれ以上のせられ、洗脳され、むしりとられてはならない**のだ。

著者紹介

髙橋洋一（たかはし・よういち）

1955年東京都生まれ。都立小石川高校（現・都立小石川中等教育学校）を経て、東京大学理学部数学科・経済学部経済学科卒業。博士（政策研究）。

1980年に大蔵省（現・財務省）入省。大蔵省理財局資金企画室長、プリンストン大学客員研究員、内閣府参事官（経済財政諮問会議特命室）、総務大臣補佐官、内閣参事官（総理補佐官補）等を歴任。

戦後日本における経済の最重要問題といわれる、「不良債権処理」の陣頭指揮をとり、不良債権償却の「大魔王」のあだ名を頂戴した。

小泉内閣・第一次安倍内閣ではブレーンとして活躍。「霞が関埋蔵金」の公表や「ふるさと納税」「ねんきん定期便」など数々の政策提案・実現をし2008年に退官。

第二次安倍内閣ではアベノミクスによる大規模な金融緩和や機動的な財政出動の理論的支柱となり、コロナウイルス感染症対策においては、前代未聞の100兆円規模の公的資金捻出を提言。その経済対策は、財政負担なし、増税なし、失業率の大幅アップもないもので世界的にも評価されている。

その後、菅政権では内閣官房参与もつとめ、現在嘉悦大学経営経済学部教授、株式会社政策工房代表取締役会長。

『【明解】会計学入門』『【図解】統計学超入門』『外交戦』『【明解】経済理論入門』『【明解】政治学入門』『99%の日本人がわかっていない新・国債の真実』『【図解】新・地政学入門』『【図解】新・経済学入門』（以上、あさ出版）、第17回山本七平賞を受賞した『さらば財務省！ 官僚すべてを敵にした男の告白』（講談社）など、ベスト・ロングセラー多数。


財務省亡国論（ざいむしょうぼうこくろん）　〈検印省略〉

2024年 12 月 25 日　第 1 刷発行
2025年 3 月 10 日　第 6 刷発行

著　者――髙橋 洋一（たかはし・よういち）
発行者――田賀井 弘毅
発行所――株式会社あさ出版

〒171-0022 東京都豊島区南池袋 2-9-9 第一池袋ホワイトビル 6F
電　話　03 (3983) 3225（販売）
　　　　03 (3983) 3227（編集）
F A X　03 (3983) 3226
U R L　http://www.asa21.com/
E-mail　info@asa21.com
印刷・製本　（株）光邦

note　http://note.com/asapublishing/
facebook　http://www.facebook.com/asapublishing
X　https://x.com/asapublishing

ISBN978-4-86667-721-7 C2034